世紀人物100

急性子 皇帝

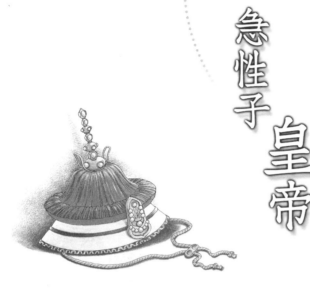

雍正

王文華　著

三民書局

獻給孩子們的禮物

世界上最幸福的孩子，是他們一出生就有機會接近故事書，想想看，那些書中的人物，不論古今中外都來到了眼前，與他們相識，不僅分享了各個人物生活中的點滴，孩子們的想像力也隨著書中的故事情節飛翔。

不論世界如何演變，科技如何發達，孩子一世幸福的起源，仍然來自於父母的影響，如果每一個孩子都能從小在父母親的懷抱中，傾聽故事，共享閱讀之樂，長大後養成了閱讀習慣，這將是一生中享用不盡的財富。

三民書局的劉振強董事長，想必也是一位深信讀書是人生最大財富的人，在讀書人口往下滑落的多元化時代，他仍然堅信讀書的重要，近年來，更不計成本，連續出版了特別為孩子們策劃的兒童文學叢書，從「文學家」、「藝術家」、「音樂家」、「影響世界的人」系列到「童話小天地」、「第一次」系列，至今已出版了近百本，這僅是由筆者主編出版的部分叢書而已，若包括其他兒童詩集及套書，三民書局已出版不下千百種的兒童讀物。

劉董事長也時常感念著，在他困苦貧窮的青少年時期，是書使他堅

強向上，在社會普遍困苦，而生活簡陋的年代，也是書成了他最好的良伴，他希望在他的有生之年，分享這份資產，讓下一代可以充分使用，讓親子共讀的親情，源遠流長。

「世紀人物100」系列早就在他的關切中構思著，希望能出版孩子們喜歡而且一生難忘的好書。近年來筆者放下一切寫作，接下這份主編重任，並結合海內外有心兒童文學的作者共同為下一代效力，正是感動於劉董事長致力文化大業的真誠之心，更欣喜許多志同道合的朋友，能與我一起為孩子們寫書。

「世紀人物100」系列規劃出版一百位人物故事，中外各占五十人，包括了在歷史上有關文學、藝術、人文、政治與科學等各行各業有貢獻的人物故事，邀請國內外兒童文學領域專業的學者、作家同心協力編寫，費時多年，分梯次出版。在越來越多元化的世界中，每個人都有各自的才華與潛力，每個朝代也都有其可歌可泣的故事，但是在故事背後所具有的一個共同點，就是每個傳主在困苦中不屈不撓，令人難忘的經歷，這些經歷經由各作者用心博覽有關資料，再三推敲求證，再以文學之筆，寫出了有趣而感人的故事。

西諺有云：「世界因有各式各樣不同的人群，才更加多采多姿。」這套書就是以「人」的故事為主旨，不刻意美化傳主，以每一位傳主的生活經歷為主軸，深入描寫他們成長的環境、家庭教育與童年生活，深入探索是什麼因素造成了他們與眾不同？是什麼力量驅動

了他們鍥而不捨的毅力？以日常生活中的小故事，來描繪出這些人物，為什麼能使夢想成真。為了引起小讀者的興趣，特別著重在各傳主的童年生活描述，希望能引起共鳴。尤其在閱讀這些作品時，能於心領神會中得到靈感。

　　和一般從外文翻譯出來的偉人傳記所不同的是，此套書的特色是，由熟悉兒童文學又關心教育的作者用心收集資料，用有趣的故事，融入知識，並以文學之筆，深入淺出寫出適合小朋友與大朋友閱讀的人物傳記。在探討每位人物的內在心理因素之餘，也希望讀者從閱讀中，能激勵出個人內在的潛力和夢想。我相信每個孩子在年少時都會發呆做夢，在他們發呆和做夢的同時，書是他們最私密的好友，在閱讀中，沒有批判和譏諷，卻可隨書中的主人翁，海闊天空一起遨遊，或狂想或計畫，而成為心靈知交，不僅留下年少時，從閱讀中得到的神交良伴（一個回憶），如果能兩代共讀，讀後一起討論，綿綿相傳，留下共同回憶，何嘗不是一幅幸福的親子圖？

　　2006 年，我們升格成為祖字輩，有一位朋友提了滿滿兩袋的童書相

送，一袋給新科父母，一袋給我們。老友是美國國家科學院院士，曾擔任過全美閱讀評估諮議委員，也是一位慈愛的好爺爺，深信閱讀對人生的重要。他很感性的說：「不要以為娃娃聽不懂故事，我的孫兒們一出生就聽我們唸故事書，長大後不僅愛讀書而且想像力豐富，尤其是文字表達能力特別強。」我完全同意，並欣然接受那兩袋最珍貴的禮物。

　　因為我們同樣都是愛讀書、也深得讀書之樂的人。

　　謹以此套「世紀人物 100」叢書送給所有愛讀書的孩子和家庭，以及我們的孫兒──石開文，他們都是世界上最幸福的孩子，因為從小有書為伴，與愛同行。

很小很小的時候，叔叔帶我看一部電影，片名忘了，但是戲裡講的是雍正皇帝。

裡頭說什麼呢？

說他為了和兄弟爭皇位，暗中召集綠林人士，組成了一個血滴子的暗殺集團，專門對付他的仇家。這血滴子的外面用皮革包住，裡面藏著好多把小刀，遇到仇人時，只要把血滴子像飛鏢般甩出去，敵人的頭一碰到血滴子就會斷了，再用化骨藥水一彈，立刻變成了血水。這個暗殺集團的首領叫做年羹堯，等雍正後來當上皇帝，封他做大將軍算是酬謝他的功勞。

雍正當皇帝戲裡也有演，說他勾結隆科多，把康熙皇位遺詔裡的：「傳位十四皇子」的「十」字加工改成了「傳位于四皇子」。又說他是作惡多端，後來被俠女呂四娘暗殺，將頭都割走了，所以如果打開雍正的棺木，會發現雍正的頭是用木頭刻出來的。

戲裡把雍正演得這般壞，死了活該，我想很多人和我有同樣的想法。

我當年打不開雍正的棺木，對於這種說法深信不疑。

壞皇帝要受制裁，尤其是雍正被傳成用藥毒死父親，逼死生母，殺死弟弟，殘殺功臣，幾乎能找到的壞蛋皇帝特質，雍正一手全包了，他這麼壞，當然更該譴責。

直到這幾年，電視興起一股雍正熱，電視演的雍正，和我以前

認識的不太一樣，於是我開始想：雍正真是這樣壞的人嗎？

我開始翻史料，希望了解一下這個童年時「心目中的壞皇帝」。

雍正做了十三年皇帝，上接父親康熙六十一年的霸業，下啟兒子乾隆六十年的盛世，夾在中間這十三年，常常被人們疏忽忘記。

似乎有了康熙和乾隆的光輝，雍正這十三年就不重要。

他這十三年皇帝真是不好幹的。幾個兄弟們集結了龐大的集團向他要權，不聽他指揮；他父親康熙晚年抱著無作為的態度，什麼事都不做，造成了官員貪污，百姓生活痛苦，國政腐敗。

雍正當皇帝時，已經四十五歲了，對於國內的問題，他很清楚，所以一上任，採取的措施十分激烈，每一項革新，都激起很大的反彈，很多人面對改革的第一句話通常是：「為什麼以前可以，現在不可以？」

改革的實踐者，勢必遭受更多的打擊。

雍正恰恰是打擊的最中心點，他後來會有那麼多不堪的流言，也就可想而知了。

他一生，光批改臣子們的密摺就達到三萬多件，更不要提一般性的公文；他幾乎沒有什麼娛樂，連看戲都不愛，他父親康熙常下江南，他兒子乾隆更愛去，就是他沒有。

他撥不出時間遊江南。每天，天未亮即起，一直到凌晨時分才能喘口氣，這樣苦幹實幹、認認真真的替國家替百姓做了好些事，

才把康熙朝留下的爛攤子補實，讓他兒子乾隆有六十年太平皇帝好做。

雍正在位期間，在西南少數民族地區，實行改土歸流等措施，平定了青海和碩特部貴族的叛亂，反擊準噶爾部的騷擾，與沙俄訂立了中俄「布連斯奇條約」、「恰克圖條約」，劃定了中俄中段邊界。

所以，雍正的歷史地位，和他父親康熙比起來，毫不遜色；和兒子乾隆的浮華比起來，那是更加的實在。儘管他為人冷峻，猜忌多疑，統治嚴酷，但比起他的政績，比起他為國為民的熱血熱腸來，你會不由自主的喜歡上這位冷面皇帝。怎麼樣，想不想認識認識這位急性子皇帝了？那就翻開書來吧！

寫書的人

王文華

生於濱海小鎮，因為愛山所以搬到山裡住，因為愛看書，所以開始寫作。

當老師前，曾換過三十六種工作；當了作家後，出版了十多本書：《草魚潭的孩子》、《我的家人我的家》、《泡妞特攻隊》、《我的老師虎姑婆》、《豬兒當自強》等。

急性子皇帝

雍正

◆ *1*　少年胤禛　*2*

◆ *2*　繼承人之爭　*17*

◆ *3*　阿其那、塞思黑　*27*

◆ *4*　城門將軍　*35*

◆ *5*　當代第一超群拔類之稀有大臣　*47*

◆ *6*　雍正的右手　*56*

◆ *7*　抄家皇帝　*61*

◆ *8*　火耗歸功　*69*

◆ *9*　尊孔禁洋教　*77*

◆ *10*　士民一體當差　*87*

◆ *11* 萬民平等 *95*

◆ *12* 密摺制度 *101*

◆ *13* 不殺諫官 *110*

◆ *14* 李衛當官 *119*

◆ *15* 文字獄 *127*

◆ *16* 青海平亂 *137*

◆ *17* 失敗的戰爭 *145*

◆ *18* 鄂爾泰與改土歸流 *155*

◆ *19* 皇星殞落 *163*

世紀人物 100

雍　正

1678～1735

1

少年胤禛

康熙十七年（1678年）十月三十日，秋風掃落最後一片落葉，寒冬，即將邁進這古老的國家，紫禁城裡深深的院落。

幾個內院太監忙著，宮女們在烏雅氏＊房裡進進出出，烏雅氏要生了，接生的婆婆一早就被喚了進去，此刻仍未現身，只偶爾聽見烏雅氏極力忍耐下的呻吟。

驀然，一聲嬰兒啼哭的聲音高亢的傳來。

「哇──哇──哇哇──」

宮女喜孜孜的奔相走告：「是個皇子！是個皇子！」

烏雅氏累了，汗水浸溼她烏黑的秀髮。

當宮女把新生的小娃兒抱到她面前，她端詳著眼前的小皇

子，不禁笑了。

「這孩子，長得可真像他皇阿瑪*呀！」她想起進宮以後的日子，因為烏雅氏的出身並不高，太監們認為她身分低下，竟然敢對她頤指氣使。

現在可好了，她生下了一位皇子，身分地位當然不可同日而語了！

「看誰還敢瞧咱們娘兒倆不起。」她用指頭輕輕碰觸小皇子的鼻頭，慈祥的笑了。

那些平時不大搭理烏雅氏的太監，這會兒全變了副嘴臉啦！

放大鏡

＊雍正的母親是孝恭仁皇后烏雅氏，生於順治十七年，滿洲正黃旗人。初入宮侍奉康熙時，地位並不高，直到康熙十七年生皇四子（即雍正皇帝），隔了一年才被冊封為德嬪。康熙二十七年生皇十四子恂郡王胤禵。雍正即位後，德妃晉封為皇太后。兒子當上皇帝，可是她卻不開心，終日憂慮。後人猜測，孝恭仁皇后病逝的原因，可能與雍正皇帝和皇十四子爭皇位，而孝恭仁皇后無法排解兩人的糾紛有關。

＊皇阿瑪　清朝時期，皇子和公主會稱皇上為皇父（官稱）或皇阿瑪（親稱）。

平時烏雅氏要什麼東西，太監們百般刁難，這下子，烏雅氏一朝飛上枝頭變鳳凰，母以子貴，再沒人敢瞧不起她了。

太監和宮女奔相走告的聲音，把這個深深的院落，撥弄出濃濃的喜氣。

隔年的春天，春風吹拂紫禁城，花開了滿園，烏雅氏果然被康熙晉封為德嬪，在宮裡地位高了一級。

烏雅氏喜悅的心情並沒有持續太久，不久後，宮裡又傳了旨，命德嬪把新生的皇子送給孝懿皇后撫養。年幼的皇子從此跟在皇后身邊，由皇后親自撫養教導。

在清宮裡頭，地位代表了一切，皇后自己生不出皇子，便撫養其他嬪妃生的皇子，這是宮裡的規矩，烏雅氏也不得不遵守，只能黯然的將自己親生的孩子送

到皇后身邊，臉上還是得強裝出笑容來。

這個從小就被送給皇后撫養的小皇子，就是後來的雍正皇帝。他本是康熙皇帝第十一個兒子，但是因為有些皇子早夭，他的排行變成第四，康熙替他取了個名字叫做胤禛。

康熙對皇子的教育很重視，也很嚴格。

胤禛六歲時，開始跟隨哥哥們，每天五更天入尚書房讀書，學習滿、漢、蒙古文和各種經典文章；滿族人擅長的騎馬、射箭更是不可或缺的功課。

皇子們的教師，都是全國最有學問的人，跟胤禛最親近的，則是他的恩師顧八代。

顧八代的學問很好，官做到禮部尚書。只是顧八代一生為官清廉，官雖然做得大，又是皇子的恩師，死的時候，竟然窮到沒

錢下葬，還是胤禛出錢安葬了他。

顧八代的廉潔奉公，給少年胤禛極大的啟示，他當上皇帝後，對國家大政十分勤奮，強調官員要廉潔守法，不能貪污，這些，大概都是受了顧八代的影響。

有時，康熙也會親自考考皇子們學習的情形。

一次，康熙到皇子們讀書的地方，與皇太子胤礽的老師湯斌談論讀書之道。

康熙很自豪的說：「朕的兒子沒有不讀書的。」他隨手從書架上取下幾十本經書，交給湯斌說：「你可以隨便出題，讓他們朗誦看看。」

湯斌遵旨照辦，打開經書，出題由幾位皇子一一試讀。

胤禛那時的年紀還小，但是，被抽到時，一點也不害怕，

這些經典他都背得滾瓜爛熟，湯斌讓他試著解釋看看，胤禛也能用很簡潔的話，解釋這些古書文章裡的含意，讓湯斌留下很深的印象。

胤禛九歲時，還跟隨康熙出巡塞北，他們從紫禁城出發，由古北口向西南行，皇家大軍行過張家口，與蒙古族的王公貴族共同會盟於塞外的大草原上。天高地闊，風吹草低，呈現在胤禛眼前的，是數以萬計壯盛的軍馬雄姿，四周散列著白色的蒙古包，以及閃著耀眼光芒的皇家行營，而在其中，那位英姿煥發、笑聲豪爽的人，正是自己的父皇！

胤禛看著蒙古族人在父皇的號召下，訂下了永遠團結，互不侵犯條約時的英武氣概，想到這些人全都信服在他父皇的號召下，年紀小小的他，一時胸中豪氣大發，吟出：「一人臨塞北，萬

里熄邊烽」的詩句。

康熙知道了，吟讀幾遍，覺得這幾句詩寫景寫情都很豪邁，笑著拍拍胤禎的頭：「不錯不錯。」胤禎得了父親的讚賞，讀書寫詩也更用功了。

康熙三十五年，遠方的噶爾丹作亂，康熙決定親征，並且把幾位皇子帶在身邊，學習領兵作戰之道，胤禎因為已經十九歲了，也參加了那次作戰。

胤禎奉命掌正紅旗大營，隨父親上戰場，他顯得躍躍欲試，急著想把他在皇宮裡學來的騎術用在戰場上。古人說打虎親兄弟，上陣父子兵，康熙大概也有那層意思吧！

不過，這回康熙親征，胤禎並沒有機會上陣殺敵，但是，他參加了許多次的軍前會議，瞭解父親怎麼指揮軍隊行進撤退之道，也在寒冷荒涼的塞北大地

上，體會軍士在前方戍守之苦。

康熙喜歡西洋科學，少年胤禛也跟著學了不少。

有一回，天狗食日＊，那時科學仍不發達，京城裡的百姓敲鑼打鼓，希望嚇走天狗，好讓牠吐出太陽。許多大臣也不知道日蝕的道理，紛紛上奏，說天狗食日，表示上天要降大禍於人間了。

康熙卻對這些大臣的無知覺得很有趣，他早就由西洋傳教士那裡學到這都是一種自然現象，他好整以暇的，派人在玻璃上塗上墨汁，親自教皇子們觀察日蝕現象。

胤禛的各種知識，受康熙的

放大鏡　＊天狗食日　就是所謂的日蝕，當月球運行到地球與太陽之間，月球擋住太陽射向地球的光，我們從地球望去，太陽逐漸被月球遮住而變暗，古時候的人不知道那是自然現象，以為天上的太陽被天狗吃了，就要敲鑼打鼓一番，希望天狗把太陽吐出來。

影響很大，他從康熙那裡學到了中西兼備的學問，為他日後成為一國之君，打下了深厚的基礎。

康熙三十六年，噶爾丹又在塞外叛亂，康熙皇帝再次親征噶爾丹，成年的皇子們也跟隨康熙上戰場。皇帝御駕親征，大大提高了軍隊的士氣，打起仗來得心應手，果然打了一場漂亮的大勝仗，凱旋回京。

回京後，康熙大賞有功的軍士，跟他出征的皇子們也都獲得了封賞。

二十一歲的皇四子胤禛，被冊封為多羅貝勒＊。胤禛有了爵位，不再只是個徒有虛名的皇子，他終於有了實際的權力。

隔年，胤禛在北京的府第建

＊貝勒　是一種爵位。親王、郡王、貝勒、貝子……都是皇族近支才有可能受封的爵位，親王是宗室王公的最高等級。

好，搬進多羅貝勒府，這棟新的多羅貝勒府在北京城的東北方，人們習慣把它簡稱為「四爺府」或「禎貝勒府」。

胤禎長大了，開始可以為康熙分擔一些政事，康熙也有意讓這些成年的皇子們接受一點兒考驗，所以，康熙常常指派胤禎做事。

胤禎受封後不久，奉旨隨康熙到東北老家祭祖陵，胤禎在陪祭完祖先們的陵墓後，深感祖先創業之不易，還寫了首謁陵詩：

> 龍興基景命，
> 王氣結瑤岑，
> 不睹艱難迹，
> 安知啟幼心。
> 山河陵寢壯，
> 弓箭歲時深，
> 盛典叨陪從，
> 威儀百爾欽。

這首詩大概的意思是：我們滿清的祖先從這裡發跡，歷經一番艱難的奮鬥才有今日的山河，作為兒孫的我，看著這番盛世，更能體會先人的偉大。

有一回，胤禛陪同康熙視察永定河的河堤工程，細心的胤禛除了站在河邊觀察之外，他還把河工打進河裡的木椿，拔了幾根出來比對圖樣。

「這尺寸怎麼短少這麼多？」胤禛覺得奇怪，召來河工拿度尺量，果然，木椿真的比設計的圖樣短少許多，顯然不合規格。

負責的官員沒想到這種小失誤，都被皇四子找到，急忙將所有木椿重新打過，往後，再也不敢疏忽了。

那時的胤禛，雖然已經成年了，但是在他心裡，並沒有想到自己有一天會登極當皇帝。

照排行，他只是康熙的第四

個兒子，上有皇長子，天生神力的胤禔，能帶兵打仗，小小年紀就已立下不少軍功；皇太子胤礽是孝誠仁皇后所生，身分和其他皇子不同，自小被培養為皇位接班人，允文允武，地位穩固；皇三子胤祉學問淵博，深得父親和眾大臣的讚揚。

　　這幾位哥哥，文武雙全，隨便選一位當皇帝，都夠格。

　　回頭看看胤禛，他生母烏雅氏的地位並不高，在兄弟裡的學問和人品也不突出，最重要的是——太子胤礽地位穩固，其他兄弟也就沒有爭皇位的念頭。

　　那時的胤禛，只是常被派出去代替康熙處理公務，努力做好一個兒子應有的本分罷了。

2 繼承人之爭

康熙四十七年，皇宮裡發生了一件大事，從此改變了胤禛的人生。

原來，康熙認為太子胤礽性格殘暴、語言顛倒，於是下令將胤礽的太子頭銜給廢了。

太子被廢，這可是一件大事，也讓胤禛的兄弟們突然想到：「我也有機會當皇帝了。」

滿清王朝未來的接班人，一定是從這群皇子間挑選的呀，既然康熙廢掉太子，他們就有機會了呀！

這是一場人人有希望，個個沒把握的比賽，皇子們為了奪取大位，各自拉黨結派，成立一個一個的小集團，連朝中的大臣也紛紛投靠有實力的皇子，皇位爭奪戰便在紫禁城裡赤裸裸的上演

著。

皇長子胤禔最積極。他雖然不是皇后所生，但卻認為自己是皇長子，他和大臣明珠結成一派，在朝廷裡聲勢浩大。

只是胤禔行事急躁，他怕胤礽又回頭來搶皇位，向康熙提議：「請父皇殺了廢太子胤礽，以絕後患。」

為了想當皇帝，做哥哥的想殺弟弟？

康熙聽得氣急攻心：「你……你……你真是狼子野心呀！」

康熙還查到胤禔請喇嘛施法，想偷偷咒死廢太子胤礽的證據，於是，下令將胤禔終生監禁，胤禔從此消失在接班的行列中。

胤禛的八弟胤禩處事圓融，人脈很廣，皇九子胤禟、皇十子胤䄉、皇十四子胤禵，都是他最堅強的支持者，以他為中

心，成為一股龐大的勢力。

為了使國家安定，隔年的三月，康熙決定復立胤礽為太子：「胤礽，你重當太子，可要記取朕的一番苦心呀！」

胤礽耳裡聽著康熙的話，心裡想的全不是這一回事:「這回復立太子，誰知道父皇哪天又把我廢了，而且我的兄弟們，哪個不是虎視眈眈，想爭我這個太子的

放大鏡

＊胤禩　生於康熙二十年，在康熙諸子中排行第八。胤禩生母衛氏是皇室家奴，地位低微。他從小聰明機靈，千方百計的討得康熙歡心，和三教九流的人物來往。不管是皇子、王公、大臣、甚至江湖術士，只要有利用價值，都是他收買的對象。

他的名聲好，許多文人都讚揚他好學，是個好皇子。胤禩的目標很明確，他瞄準的是太子的寶座，是雍正稱帝時，最難纏的對手。

雍正即位時，政局不穩，他知道胤禩在朝野勢力頗大，便採取欲擒故縱的策略，在康熙去世的次日，命胤禩為總理事務大臣，又加封他為和碩廉親王。

雍正四年，雍正將胤禩的黃帶子革去，開除宗室籍，並將胤禩囚禁起來，把他的名字改為「阿其那」，滿洲話是「狗」的意思。這年九月，胤禩禁不住折磨，死於獄中。

乾隆即位，將胤禩恢復原名，與其子孫一併歸入宗室籍中，仍在皇室族譜《玉牒》上載錄其名於康熙皇帝位下。為胤禩恢復了名譽。

位子？」

　　他再度成為太子，怕康熙再廢了他，不但不知反悔，整天想的就是如何糾結黨羽、怎樣貪瀆財物。

　　康熙看到太子的行為，真是氣死了，為了讓太子自我警惕，下旨把幾個年長的皇子全封為親王、郡王。胤禎也在這時被封為和碩雍親王。

　　但是，權力慾望使人迷惑。皇子們成了親王、成了郡王，又想擁有更多的權力，他們聯合起來，不斷攻擊太子，製造謠言，彼此之間也互相攻詰，大家的目的只有一個──當皇帝。

　　只是，一國之內只有一個皇帝，註定只能一人得意，眾人失望。

　　康熙五十一年，康熙決定要好好整頓亂局。

　　他指責皇太子結黨，在京城

裡搞小圈圈，又把太子廢了。

太子第二次被廢，皇八子胤禩認為時機成熟，他不斷找大臣向康熙遊說：「胤禩是當天子的料，皇上應該立胤禩當太子。」

大臣們的話讓康熙反感：「你們別再說了，只要朕活著一天，朕就永遠不立太子。」

康熙的話，等於宣告皇八子胤禩也沒機會當皇帝了。

未來皇位接班人，眼看只剩下兩個人。

皇十四子胤禵＊年紀輕輕，

＊胤禵　1689～1756 年，是康熙帝的第十四子，比雍正小十歲，康熙五十七年被任命為撫遠大將軍，如同天子出征一般，十分威武氣派。

胤禵是雍正帝的同母兄弟，兩人感情並不深厚，胤禵與皇八子胤禩結成一黨，想爭奪皇位。

康熙末年，胤禵出征西藏，屢建戰功。爭奪皇位時，親兄弟成了不共戴天的仇敵。雍正變成皇帝後，召胤禵回京，解除他的將軍位，並將胤禵禁錮在景山壽皇殿，直至雍正死後，乾隆即位，不僅釋放親叔叔胤禵，還封他為恂郡王。

乾隆二十年，胤禵去世，活得比雍正還久。

卻有領軍作戰的才能，他在此時受到康熙重用，康熙命他為撫遠大將軍，統率數十萬軍馬，去平定塞外的戰亂。朝臣們認為皇十四子必是未來的皇帝，他們紛紛表態支持皇十四子，連皇八子都暗中幫助他，隱然間，胤禵成了大家的希望。

另一位就是皇四子雍親王胤禛。

在幾次爭皇位的政爭中，胤禛都很幸運的沒被捲入，他的行事很低調，不與人為敵，整天在他的雍和宮裡學佛讀書，太子第一次被廢，他還當和事佬，拉攏康熙和太子胤礽的關係，胤禛的態度，讓康熙對他很有好感。

胤禛也不是真的對皇位沒興趣，他私下還是有幾個支持他的官員，像在青海統軍的年羹堯、掌管北京城的九門提督*隆科多，這些人雖然名聲並不顯赫，

卻都很能辦事，隱然間，讓胤禩
也有了爭王的氣候。

　　況且，胤禵遠在西北督軍，
和京城距離太過遙遠。

放大鏡

＊**九門提督**　負責管理北京皇城九大門。雍正親
信隆科多，也是因為他手上有紫禁城裡的親兵，把持皇城九門，那
些想爭皇位的皇子們，也莫可奈何了。九門是哪九個門呢？

　朝陽門：朝陽門的城門洞頂上，刻著一個穀穗兒。糧食進了朝陽
門，就存放在附近的糧倉之中。

　崇文門：崇文門外是酒道，當年的美酒佳釀大多是從河北涿州等
地運來，進北京自然要走南路。

　正陽門：正陽門是皇帝專用的，皇帝每年兩次出正陽門，一次是
冬季，到天壇祭天，另一次是驚蟄，到先農壇去耕地。這兩次出行，
都是要走正陽門。

　宣武門：清朝時，刑場設在宣武門外的菜市口。犯人從宣武門出
去，在菜市口問斬。宣武門的城門洞頂上刻著三個大字：「後悔遲」，
都要問斬了，再後悔哪兒還來得及啊？

　阜城門：阜城門的門洞頂上刻了一朵梅花，梅和煤同音，京城裡
用的煤全由阜城門運進來。

　西直門：西直門的城門洞上面刻著水的波紋。過去的皇帝專喝玉
泉山的水，玉泉山水就由水車從西直門載進來。

　德勝門：出兵打仗，從德勝門出，德勝和得勝音同，康熙親征噶
爾丹，雍正令年羹堯出兵，都由德勝門出發。

　安定門：像法國的凱旋門，打勝仗由這裡進來，即使打了敗仗，
也希望下回能得勝讓國家安定。

　東直門：老百姓們的車子由東直門進來，由東直門進城，石板路
旁全是小吃攤，在清朝時是很熱鬧的。

康熙六十一年十一月十二日夜，北京暢春園外，幾顆稀疏的星子，點不亮沉重的夜色，濃墨般的宮闈，幾盞燈無力的亮著。

暢春園的氣氛沉重，紛沓的腳步聲，匆促的人影，透出一股不安的氣氛。

「皇上病重了。」人們低語。

執事太監快馬疾向天壇，向正在祭天的皇四子胤禛報訊。

暢春園外，留在京城裡的皇子們幾乎全到了。

皇子們焦急的想知道：「父皇病重，皇位給誰？是四阿哥＊還是十四阿哥？」

胤禛在天壇祭天，皇十四子胤禵在遙遠的西北趕不回來。

已進入彌留狀態的康熙，看看他的孩子們，六十一年的風風

＊阿哥　清朝時的制度，皇子還沒成年受爵時的通稱。

雨雨，他終於走到盡頭，他緩緩的說：「皇四子胤禛人品高貴，行事作風都……很像朕，必能繼承王統，讓他登上皇位，朕……朕很放心。」

康熙直到最後一刻，才將皇位繼承人宣布出來，他又虛弱的躺下。

幾個阿哥聽完康熙的話，哭喊著：「父皇……父皇……」那哭聲悲切也，像是為康熙的病擔憂，也像是為了自己沒得到皇位而傷心。

康熙累了，他擺擺手，命大家退了。

天色悄悄的放明，皇四子胤禛終於趕到，他親自服侍康熙喝蔘湯，一小口一小口的餵，做兒子的希望父親病體痊癒，只是康熙已病入膏肓，連講話都很困難了。

十三日晚上，當了六十一年

皇帝的康熙，駕崩於寢宮。

康熙駕崩後，由九門提督隆科多宣布康熙的遺命，遺體安放在乾清宮中。第二天起，紫禁城的九門緊閉。

十七日，康熙皇帝的正式遺詔頒布天下，諭皇四子雍親王胤禛繼位登極。

二十日，新皇帝胤禛即帝位，詔告天下，定隔年為雍正元年（1723年）。

雍正接帝位時已四十五歲，為清朝入關後的第三任皇帝。

他父親康熙，當皇帝時才八歲。他的祖父順治，更是在六歲就主持大政。四十五歲的雍正，論年紀夠大，論經驗夠多，論能力也夠強，只是，滿城風雨正在等著他呢！

他的兄弟們，個個文武全才，也虎視眈眈的想奪取皇位呢！

3 阿其那、塞思黑

康熙末年，皇子們各成集團爭奪皇位，最後是胤禛取得了勝利，當上皇帝。

可是，允禩※的勢力仍然龐大，支持他的官員也多，一個不小心，都可能激起叛變，歷史上有太多這樣的教訓了。

雍正先晉封允禩為和碩廉親王，又讓他擔任總理事務大臣，把國家大政都交給他處理，追隨允禩的官員也都留任原職，看起來，雍正好像對允禩特別好。

許多人向允禩的妻子道喜，認為雍正重用允禩，證明雍正心

放大鏡 ※皇帝的名字一般人不能用，必須恭敬的迴避。在雍正成為皇帝後，曾下達一道聖旨：「朕曾奏聞皇太后，諸王阿哥名上一字，著改為『允』字。」雍正的名字叫「胤禛」，其他兄弟原以胤禔、胤礽、胤禩等等為名，雍正即位後，除了他自己仍然用「胤」字之外，其他兄弟全改成「允」字，如允禔、允礽、允禩等。

中對以前的事，毫無芥蒂。

允禩的妻子卻面無喜色的說：「今日加封，明日奪爵，福禍相倚，誰知道哪天掉腦袋呀？」

允禩也對身旁的人說：「胤禛加我的爵，也許就是他要動手整我的前兆吧？」

允禩沒被加官晉爵沖昏頭，他知道，雍正是利用擒賊先擒王的道理，一方面把他掌握在手中，一方面卻又趁機瓦解了他的勢力。

果然，雍正封允禩為親王後，又派允禟到西寧採辦糧草，再把允䄉支去蒙古辦事，還把撫遠大將軍允禵召回京。

這一切，全是雍正接皇位後不到三個月內所做的動作。三個月內，支持允禩的人全被支開，只讓允禩孤單的留在京城。

允禵和雍正的生母都是烏雅氏，兩兄弟也都是康熙晚年最信

賴的人，只是兩個親兄弟，為了誰當皇帝，已經吵了好多次。允禵被解除兵權召回到北京，怒氣沖沖，他認為雍正是假造康熙的遺旨，竊取了皇位，康熙其實是要傳位給他的。

「老四憑什麼當皇帝？他會帶兵打仗嗎？」允禵氣憤的向家人說，大家都要他忍耐，他也不肯，到了康熙的靈柩旁，允禵見著雍正，拒絕向他跪拜行君臣之禮，要不是旁人拉住，他當場就要對著雍正破口大罵了。

雍正氣死了：「他是朕的親弟弟，竟然這麼不給朕面子。」

憤怒的雍正，決定讓他好好的反省，利用送康熙靈柩去遵化陵墓時，命令允禵看守康熙的陵墓：「你天天對著父皇的陵寢，好好的想一想吧！」

而允禟被派去西寧後，也被支持雍正的年羹堯看管著不准回

京。允禟上奏想回京城，雍正也不理他。

　　允禟不能回家，動腦把一些像英文字母的符號，編成密碼，把信縫在馬車夫的衣服裡，偷偷送給允禩，他自以為聰明，卻不知道雍正棋高一著，早在允禟和允禩身邊都安插了耳目，他們的信還沒送回北京，密探早就把信複製回京給雍正看過了，可想而知，允禟和允禩的計畫，雍正全瞭若指掌。

　　允禟的行動，讓雍正找到藉口，對他一再的打擊。

　　另一方面，允䄉到了張家口後，藉口養病不願到外蒙古，雍正小題大作，要允禩把允䄉押回北京，由允禩親自審問；雍正的目的其實就是要借刀殺人，讓允禩擔起殘殺兄弟的罪名。

　　結果，雍正在短短的時間內，把反對的勢力一一一瓦解了。

雍正二年，雍正平定羅卜藏丹津的動亂後，聲望更高了，他打擊兄弟的態度也越加強硬。

他先指責允禩包庇允禟，藉機革去允禩的王爵，又下令禁止官員們結黨結派，分化允禩的跟隨者。

允禩他們當然不會坐以待斃，他們派人散播謠言：「雍正殘殺骨肉，威逼兄弟。」

一時之間，北京城裡的流言不斷，許多大臣紛紛冒死上諫，勸雍正莫擔起殺兄逼弟的千古罵名。

雍正卻認為除惡務盡，中途不能手軟，清算自己兄弟的手法越加殘酷。

雍正三年，他一再的刁難允禩的工作，在百官面前時常斥罵他。

七月，革去允禟的王爵。

十二月，革去允䄉的郡王。

雍正四年，他將允禩、允禟關起來，削去宗籍，把他們從皇家家譜中剔除。

更兇狠的是，雍正覺得他們簡直不是人，不配有人的名字，命專門管理皇族事務的宗人府替他們重新取名，把他們叫做「阿其那」和「塞思黑」，用滿洲話來講就是狗和豬的意思。

堂堂的皇家子孫，從此比豬狗還不如，受盡天下人的嘲笑。

他們的羞辱其實沒有受太久，那年夏天，他們兩個全死在獄中，死因不明。民間謠傳：他們是被雍正派人毒死的。

十四子允禵也被召回京城，關在景山壽皇殿裡頭。因為他不是反對雍正的首惡，所以和允禩一樣，被終身囚禁。

只要曾妄想過王位的人，雍正一個也沒放過。

雍正的三哥允祉博學多聞，

康熙一度很喜歡他。在爭繼承人的時候，他也爭取過，但只是私下運作，並沒有像允禩那樣大張旗鼓的進行。雍正卻也把他禁錮起來。

對付自己的兄弟，雍正的手段極為殘酷，他敢用險招，把總理事務大臣的職務給了允禩，想讓他失去戒心；他也敢提拔允禩的手下，讓他們轉移效忠的對象，他能忍，忍到地位穩固後，才把敵人全部殲滅。

雍正和唐朝玄武門兵變的李世民一樣，都是歷史上有為的君主，但是在對待自己的兄弟上，卻也都帶著殘酷的本性。

4 城門將軍

　　雍正初年，年羹堯*奪制原來撫遠大將軍允禵的軍隊，因為幫助雍正登上皇位，成了雍正的心腹大臣。在青海的戰役中，更因立下軍功，被封為一等公，連父親、長子也都加官晉爵。

　　年羹堯遠在青海，離京城數千公里遠，雍正卻把國家事務，用書信和「年大將軍」商量。不管是人事任用、大臣去留、政策

放大鏡

＊**年羹堯**　字亮功，號雙峰。康熙三十九年（1700年）進士。雍正即位後，青海羅卜藏丹津糾集許多人反叛清朝。年羹堯奉令率兵討伐，被任命為撫遠大將軍，統率四川、陝西、雲南三省將士，大破羅卜藏丹津，投降者十萬餘人。次年又領兵進討，命岳鍾琪先攻大喇嘛察汗，將其部眾全殲於山谷中，另派精銳騎兵五千，偷襲羅卜藏丹津駐地，羅卜藏丹津措手不及，部眾全被打散，清軍乘勝追擊，羅卜藏丹津部下被殺八萬餘人。青海全境平定後，晉封一等公爵，加授精奇尼哈番。雍正三年（1725年）在表賀祥瑞中用詞失當，貶杭州將軍，後遭雍正免職。十二月押回京師，並被判了九十二條罪行，令其自殺。

宣布，雍正都會去問問年羹堯的
意見。

雍正在信裡說：「讓朕和你立
下一個千古君臣相知的典範吧！」

「千古君臣相知的典範」這
句話，讓年羹堯聽得一陣陶陶
然。

年羹堯的妹妹還嫁給了雍
正，成了年貴妃。

年羹堯在皇帝面前紅得發
紫，人人爭著巴結他，年羹堯向
皇上推薦的人，稱為「年選」。
那時，人人都知道，靠著年羹堯
升官發財是最快的一條路。

雍正二年，年大將軍因為打
了大勝仗，要凱旋回京啦！

年羹堯在馬上意氣風發，沿
途官員接待得稍有怠慢，年大將
軍的馬鞭可是不留情，不管你是
道臺、縣令、總督還是巡撫，馬
鞭子唰的一聲，當場在這些官員
臉上留下一道紅印子。

即使像山西總督李維鈞、巡撫范時捷這樣的大臣＊，也要在路旁跪著迎接他，再恭恭敬敬的跪著歡送年大將軍。

年羹堯旁若無人的騎馬躍過，連看都不看一眼。

「你看他那副得意的樣子，真是個小人。」年羹堯走遠後，范時捷拍拍朝服上的泥沙，順便對李維鈞說。

李維鈞看著范時捷，冷冷的笑了一下：「老范呀，你莫看他今日得意，改日他失勢傾倒，下場一定更淒涼。」

他們的話年羹堯沒有聽到，他一心想著進京後，會有什麼樣的盛大場面等著他。

放大鏡

＊總督與巡撫皆為地方軍政大員，但總督權力比巡撫大，多數地區巡撫位於總督之下，總督管轄區域也較巡撫為廣，一般都在一省以上。年羹堯當時總管西北軍事，地位雖然比總督和巡撫高，但盛氣凌人的態度，卻得罪了不少人。

年大將軍進京，可真是風光極了。

離京城三十里外，百姓們列隊跪在路旁歡迎，整條京道上處處可見紅綵帶，歡迎的舞獅舞龍數不清，鞭炮鑼鼓一點兒也沒停過，王公以下的官員跪接歡迎，親王下馬問候。甚至，連雍正皇帝都親自來迎接他了。

這一切夠風光了，年羹堯卻只是坐在馬背上，高傲的點頭示意。

那些王公大臣彷彿成了他的僕人，雍正看在眼裡，氣在心底。進了紫禁城，雍正想犒賞軍隊。正是暑氣逼人的七月，士兵們的盔甲被曬得燙人，雍正和年羹堯坐在亭子裡，士兵們列隊站在操演場上，太陽火辣辣的照著。

這些士兵，都是年羹堯親手訓練的，即使汗水不斷，也沒人

動一下。

雍正和年羹堯談得正愉快，青海大捷嘛，從康熙朝就無法止息的戰亂，終於讓年大將軍平息了，雍正笑著說：「這回大戰，全仗著年將軍，你真可算是朕的恩人了。」

被皇上稱為恩人，古往今來大概沒人有這種榮幸。

年羹堯沒有跪下謝恩，只在口頭上謙遜一下，更沒注意到雍正的神色突然顯出一絲不快。

雍正看看士兵，士兵的汗水都快成河了：「這次大戰，全仗將士用命，雖然國庫有點吃緊，該給的賞銀還是不能省，唔，就賞每個兵士二十兩吧！」

雍正的旨意透過太監，傳到了場上，幾千個兵士沒有預料中的謝主隆恩，只是直挺挺的站著。

雍正不解。

　　直到年羹堯把一面小旗，交給隨身侍衛，侍衛向外一揮，幾千個士兵這才異口同聲的喊著：「謝主隆恩。」聲音整齊，竟像同一人所發出。

　　雍正愣了一下，心想：「他們只聽年羹堯的命令，連朕的命令也充耳不聞；若是年羹堯揮師進京，那……。」

　　外頭是暑熱的天，雍正的心卻像進了冰窖了。

　　他想起了康熙末年，幾位皇子為了搶奪皇位，那段緊張而又動盪不安的日子，那時，他只是四阿哥，幸而皇城裡有隆科多幫他的忙，皇城外，他能指望的，就是年羹堯的大軍。

　　「看來，年羹堯是居功自傲了。」雍正想著：「他以為有功於朕，朕就不能拿他怎麼樣！以為幫朕奪得江山，就不把朕放在心裡？」

雍正越想越氣，這天之後，雍正便不再接見他。

年羹堯從京城回到西安，已是隆冬十二月，他給皇上寫了封摺子＊報平安，雍正在摺子上回了一段意味深長的話：「當臣子的人，如果恃寵而驕，一定會招來禍害，你身為封疆大吏，不能做壞事，讓小人在朕面前說你壞話；在與朕相見時，也不能露出驕傲的神色；不能在外頭結交其他臣子，免得讓人有攻擊你的機會。這三件事都很重要，切記。」

年羹堯看完，覺得頭皮發麻，皇上一直把他當自己人，這麼嚴厲的語氣還是頭一遭，他急忙寫信，請皇上開恩，他決心改過。

可惜，隆冬的西安，雪降得急，年大將軍只等到了雍正更嚴

＊摺子　大臣寫給皇帝的一種書面報告。

屬的指責。

「有了過錯能改當然最好，只是，朕擔心你不能心服口服罷了。朕看著你的表現，真是替你惋惜，惋惜你的才能，惋惜你立下的大功，也惋惜朕與你這千古難逢的君臣相遇的機緣。」

這些話，除了關愛與嘆息，更多的是警告和指責的意味。

雍正覺得年羹堯驕傲到狂妄，如果讓他繼續跋扈下去，難保他不會帶兵叛變。

古往今來多少功臣一夕成了階下囚？年羹堯的靠山瞬間消失。

雍正三年，京城出現「日月合璧、五星聯珠」的祥瑞之兆，各地的官員急忙上書稱頌，稱讚這是國泰民安的現象。

遠在西安的年羹堯也得到消息，他請文書官員替他寫信，信中用了許多稱讚的句子，沒想

到，誤把一句「朝乾夕惕」給寫成了「夕陽朝乾」，年羹堯也沒細看，就把信發到北京。

「朝乾夕惕」原來形容人勤奮戒懼、兢兢業業的樣子，年羹堯卻一時筆誤。照字面的意思，如果把皇帝看成「夕陽」，這在古代可是大不敬的罪，雍正下旨痛責:「看完你寫的信，朕知道你自認功高業大，你對朕不敬的心，由此可知。」

他要年羹堯給一個解釋。年羹堯卻是百口莫辯，白紙黑字由何辯起？

雍正立即下旨，撤換了年羹堯的親信官員，使年羹堯孤掌難鳴。又下旨，要他交出撫遠大將軍的印信，改調他去當杭州將軍。其他的官員一見年羹堯失勢，立刻群起而攻之，譴責和指證年羹堯不法的書信奏摺如雪片般落到了京城。

年羹堯才移駐杭州，急性子的雍正，又下了一道聖旨來了。

「罷去年氏的將軍職，為閒散章京，令其看守城門，欽此。」宣旨的太監說著，底下眾人發出一聲聲的驚嘆。

堂堂的將軍變成看門官，夠諷刺了！

年羹堯大概知道死期近了，看守城門時，就像個小老頭般，喝酒罵人，渾然沒有往日的神氣。

雍正三年十二月，雍正聖旨到了，他把年羹堯逮捕進京，賜他一條白帶子，要他自己上吊自殺。

年大將軍死時，沒有往日的風光，只有一襲囚服一條白帶，一個暗無天日的囚室陪伴；由位高權重的大將軍淪落到去看守城門，最後難逃一死，年羹堯全敗在一個「驕」字。

5 當代第一超群
拔類之稀有大臣

雍正能當上皇帝，有兩位大臣功不可沒。

外邊是統軍數十萬的撫遠大將軍年羹堯，他牽制皇十四子軍隊的動向，解除了允禵所造成的威脅。

皇宮裡，有隆科多。他是一等公佟國維之子，也是孝懿仁皇后的弟弟。隆科多在康熙五十年間，被任命為九門提督，掌握軍權，管理北京城裡九個大門的進出，能在紫禁城裡管理軍隊，代表皇家對他是完全的放心。有他統領紫禁城裡的禁衛軍，皇八子的集團想要造反奪皇位，也莫可奈何。

兩個人對雍正的皇權爭奪，都有功勞，雍正登基，對他們兩人的提拔和賞賜也最多。

雍正三年年羹堯一死，朝廷內外權勢最大的，就只剩下隆科多。

康熙病重時，怕京城引起動亂，他急詔的是當時的九門提督隆科多，等到康熙嚥了氣升了天，又是由隆科多代為宣讀遺詔，宣布由皇四子胤禎為皇位接班人。

從此，隆科多成了新皇帝眼前第一紅人。雍正除了給他一大堆職務外，還特地頒賜他一個稱號：「舅舅隆科多」。

皇帝自稱晚輩，稱臣為舅舅，這已經是異乎尋常的事了，雍正還急乎乎的下了道旨，要天下人都跟著他，尊稱隆科多為舅舅，這真是一種特殊的榮譽。

雍正曾說隆科多是：「聖祖仁皇帝的忠臣，朕之功臣，國家良臣，真正當代第一超群拔類之稀有大臣。」

雍正剛當上皇帝時，需要隆科多的支持，需要隆科多手上那些禁衛軍替他坐穩江山。

有一段時間，年羹堯看不起隆科多，認為他沒有實際的才能，雍正為了勸這兩個人和好，還作主把年羹堯的長子年熙，過繼給隆科多當兒子。隆科多感受到皇上對他的厚愛，喜不自禁，從此就和年羹堯盡棄前嫌，兩人不再生事。

隆科多在最鼎盛時期，身兼總理事務大臣、吏部尚書，還有一個一等一的阿達哈哈番世襲的爵位。

權力使人腐化，絕對的權力使人絕對的腐化。

隆科多自此目空一切，在朝廷專斷攬權，在吏部尚書任內，他有官員的任免權，他不喜歡的人，一輩子別想升官，他喜歡的官員，即使貪污腐敗，一樣獲得

提拔。人們把經過他選拔的官員稱為「佟選」，這些官員當然和他相互勾結，在朝廷裡成了一個新的集團。

隆科多走在朝廷裡，沒人敢正眼看他，大家都把頭低著，隆科多說的話，比聖旨還有用。

有一次，雍正的弟弟果郡王進宮，半路上遇見了隆科多，照理說，大臣見了郡王是要單腳跪安的，可是隆科多竟然只是懶懶的站一下，表示他的敬意，果郡王看他那副目中無人的樣子，心裡雖然氣死了，表面上也不敢得罪他，只好勉強打個哈哈，掩飾心中的不滿。

隆科多雖然官做得大，心裡還是有點兒譜。他曾說過:「皇上對我提拔到了最高點，就是我死期將到的時候。」

他不相信雍正會永遠這麼愛護他，早早把財產分藏在許多親

戚的家裡。

誰知道，隆科多聰明反被聰明誤，當雍正從密探那裡獲知這個消息後，反而起了疑心。

「如果他沒做壞事，為什麼要藏家產怕朕知道？」

於是，雍正派出更多密探，嚴密監視隆科多。

好笑的是，隆科多怕被皇帝暗殺，於是，也派密探監視皇帝，君臣互派密探，可見他們之間的不信任感，已經升高到怎樣的程度了。

雍正二年，年羹堯步上敗亡之路，而他所犯的案子，也牽連到了隆科多。

隆科多主動提出辭去軍隊統領的職位，希望雍正能念在他有悔意，不處罰他。

雍正已經有整頓他的意思，不但請求照准，還把他的爵位也取消了。

　　隆科多這才知道害怕：「狡兔死，走狗烹，老夫到了盡頭啦！」他把這話對下人講，下人其實是雍正派出去的密探，當然把這話又老老實實的傳給雍正聽，雍正更生氣啦！

　　雍正認為隆科多和年羹堯都是結黨營私的奸臣，要大臣們和隆科多劃清界線。許多當年被隆科多選拔上的官員人人自危，整個朝廷又陷入一種肅殺之氣中。

　　雍正四年元月，隆科多被派往新疆阿爾泰嶺，和羅剎＊的使臣劃定兩國邊界。

　　隆科多在談判中，一直堅持立場不肯退讓，要求沙皇歸還侵占中國的領土。沙皇的使臣被隆科多堅定的態度震懾住，退讓出不少侵占的土地。

 放大鏡

　　＊羅剎　是清朝時對俄羅斯的稱呼。羅剎經常侵擾邊境，造成兩國關係緊張。

就在談判接近尾聲之際，雍正查到隆科多私藏皇家的《玉牒》，雍正再也無法忍受隆科多了，不管他現在正在遙遠的阿爾泰嶺和外國人談判，硬是下了一道聖旨，派人將他上了枷，索拿進京。

六月的新疆，水草正美，隆科多卻在羅剎人的注視下，毫無尊嚴的披枷帶鎖，狼狽的被逮捕進京。

他一走，羅剎在談判中，輕而易舉的和接替的大臣，簽下了不平等的「布連斯奇條約」＊，損失了不少中國的利益。

雍正四年十一月，隆科多被判了四十一條大罪，雍正沒有處

放大鏡

＊布連斯奇條約　1727 年 8 月（雍正五年七月），中俄雙方簽訂了「布連斯奇條約」。這是一個關於邊界劃分的初步協定，條約規定了東起額爾古納河，中經恰克圖附近的楚庫河，西迄唐努烏梁海地區西北角的沙畢納伊嶺的邊界走向，中間樹立界碑，以南屬於中國，以北屬於俄國。

死他，只把他永遠的軟禁起來。
雍正五年六月，這位當代第一超
群拔類之稀有大臣，就這樣死在
牢裡了。

6 雍正的右手

　　年羹堯和隆科多的下場不好，其實也是因為他們恃寵而驕，才會招來雍正的嚴厲對待。在支持雍正當皇帝的官員中，張廷玉終其一生都和雍正保有良好的關係，這一大半的原因，還是因為張廷玉能潔身自好。

　　張廷玉生於康熙十一年，康熙三十九年中進士。他早在雍正登基前與其他皇子鬥爭時，便是支持雍正的漢人官員了。

　　張廷玉是雍正最得力的助手，雍正時時需要他的協助，他的記性好，思路清晰，再繁雜的事情，只要經過他的嘴巴講出來，總是條理分明。

　　雍正在朝廷上講著話，讓他在一旁抄錄，等張廷玉寫出來一看，就和雍正說的一字不差。

　　雍正一有重要的事，就會找張廷玉想辦法，有時候一天召見他三、四次，遇上軍情國家大事，更是要他徹夜陪在身旁。

　　這麼多的事，讓張廷玉像個陀螺般忙碌，他辦公的地方，總有上百個人等著見他，這些人，有的是向他請示、有的要請他批閱公文，他忙得幾乎連吃飯的時間都沒有。

　　西北大戰那幾年，他甚至連坐轎時，也要拿著毛筆批改公文，轎旁隨時有人騎著馬跟隨，好讓他把批完的公文，立即向上呈報，向下傳閱。

　　張廷玉一生勤於政事，而且深知雍正喜怒無常的個性，他總是緊閉著嘴巴，不隨便發言，免得惹禍上身。他的作風，讓很多官員跟隨，學他不亂講話，也許就是這種個性，才讓張廷玉可以在雍正朝保得全身而退。

　　雍正和張廷玉之間的情誼很深厚。有一次，張廷玉生病了，連著幾天沒上朝。

　　沒有張廷玉在身邊，雍正覺得渾身不對勁。他是個急性子的人，一想起什麼改革的念頭，總要立即去辦，平時有張廷玉在身邊，要寫旨意、要傳人、要做什麼都方便，現在張廷玉不在身邊，他寫字也乏味，看書也無趣，連吃飯都沒滋沒味的，他終於放下筷子，對著面前一盤黃河鯉魚想了半天，突然對幾個親近的臣子們說：「這幾天，朕的右手痛得不得了，你們知道嗎？」

　　皇帝生了病，在古時候可是件大事，臣子們慌得急忙下跪請罪。

　　雍正瞅了他們一眼，不由得笑了起來：「張廷玉是朕的左右手，他沒來上朝，朕就渾身乏力，不就像是朕的手臂也跟著生

起病了嗎？」

　　原來皇上是在開玩笑，幾位近臣這才鬆了一口氣，摸摸自己的脖子，腦袋瓜兒差點兒就不見了！由此可知，張廷玉在雍正心目中的地位，有多重要了。

7 抄家皇帝

　　康熙六十一年（1722年）十二月十三日，康熙皇帝去世才剛好一個月，雍正皇帝就下令戶部總動員，清查全國虧空錢糧的情形。

　　他的十二弟履郡王允祹，也被查出有虧空公款，由於無法賠償虧空的錢糧，只好在北京城的大街上，拍賣家裡的古董。

　　「堂堂的親王拍賣古董？」北京城的百姓們，看著履郡王府裡的僕人，不斷的把古董搬出來時，都覺得很驚奇。

　　「真的，真的，履郡王管內務府，被查出來虧空大筆錢糧，他沒錢，只好把康熙爺賞給他的古董花瓶、珍貴寶石全都拿出來賣啦！」

　　「哇，那咱們去看看看，也許能撿點便宜貨色買，說不定連康

熙爺送他的金尿壺，都能買回來用用。」一個小伙子吆喝著。

大街上，履郡王府的小廝，果然擺了個攤子，幾十個古董花瓶、盤子、觀音頭像，都貼著價錢，等著買家。

人們不解的是：「堂堂的郡王，又是當今雍正皇帝的親弟弟，怎麼會在街頭賣古董？」

「你不知道吧！那是雍正皇帝要殺雞做猴，讓那些虧空公款的官員心生警惕的。」一個有見識的老者說。

老者說得沒錯，雍正是有決心要一掃康熙朝留下的弊病。

原來，康熙晚年身體不好，辦政事不積極，底下官員見皇上不管事，也學著多一事不如少一事，整天只想著怎樣把國家的錢裝進自己的口袋。

雍正一上任，發現國家的財庫大漏洞，沒錢沒糧的，怎麼辦

事呢？

雍正急性子的個性，在這件事上全顯露出來了。他才剛當皇帝，便派人把全國的公庫全翻上一遍，追查國家有多少虧空的錢糧。

清查全國虧空，有太多人等著看笑話，如果他做不好，他那些政敵們馬上就會攻擊他。

「大清國有幾萬個官員，看他怎麼一個一個查？」許多大官們冷笑著。

「一上任，就想查我們？」王公們私下說著：「查不到的啦，我早已將家產轉到別的地方啦！」他們笑著互相舉杯，想著這不過是新人新政，維持不了幾天的。

雍正也知道這點，查虧空這一仗他只許勝，不許敗，只能往前進，不能往後退。他信心十足，不在乎其他官員怎麼嘲笑，一決定了，就破釜沉舟向前衝。

雍正的自信是有道理的。他不是個糊塗皇帝，更不是那種養尊處優的阿哥。和他父親康熙皇帝相比，他還有一個優勢，就是洞悉下情。

他當了四十五年的皇子，有太多時間去摸清各級官員有什麼鬼心眼、小動作，官場上又有哪些流習和積弊，他都一清二楚，因為他知道，再不快點對症下藥，這個國家就會垮了。

他更知道，下級對上級，地方對中央，一向總是「上有政策，下有對策」。中央的政令到了下面，沒有不打折扣的。清查虧空牽涉到官員們的荷包，這些官員豈有不研究對策之理？

那好，官員研究，雍正也研究。官員有對策，雍正更有對策。雍正的對策是：先研究官員們會使出的對策，再抬出自己的政策。他倒想看看這些官員還能

要什麼花招！

雍正派出欽差大臣＊。這些大臣由他親自指揮，和地方上的官員沒有瓜葛，而且都是他親自挑選的精明幹才。他再從各地抽調了一批候補的官員配合欽差大臣查帳。

只要被查出貪污的官員，當場就摘下他的烏紗帽，予以免職，再由候補的官員裡選一個同級官員接任。

雍正這一手，讓貪官們傻了眼。

以前如果官員出錯，其他官員總會幫忙掩護，但是，面對雍正這種查到立刻免職的做法，這些貪官只能俯首認罪，想辦法把虧空的錢糧補上。

有的官員知道皇帝要來查帳

放大鏡

＊欽差大臣　是皇帝交代差使奉派出京辦事的官員，因為奉皇帝的命令辦理事務，所以叫做「欽命差使」，簡稱欽差。

了，就先向地主們商量，借錢借糧放在公庫裡讓欽差大臣查，等查完帳，再歸還給地主。

這一招，雍正也預先防備了。他向全國下通告:「誰也不准借錢糧給地方官。如果要借也可以，借給官府的錢糧，就是國家的，誰也別想把它們收回去。」

「借錢不能要回來?」富戶們雖然不想得罪官員，更怕扁了荷包又得罪皇帝，於是紛紛表明不再借錢糧給官員了。

貪官們的對策，又被雍正粉碎了。

查到貪污的證據，雍正立即要官員賠償，而且每一筆帳，都要查清楚，不能混淆。

雍正說:「一定要抄到這些貪官污吏山窮水盡，教他們的後代子孫做個窮人。」這道命令一下，全國一片抄家聲，雍正也得了個「抄家皇帝」的封號。

　　這些貪官們看來只有「死路一條」了。

　　可惜，在雍正的時代，他們連「死路一條」都沒有。

　　雍正的政策是：「死了也要找他的子孫要！」

　　雍正四年，廣東官員李濱、福建官員陶範，都因為貪污、受賄、虧空案而畏罪自殺。雍正還下令找他們的子弟、家人賠出虧空的錢糧來！

　　雍正追討貪款連死人都不放過，在現代看起來狠了些，但在當時貪污成風的年代，不下狠心，就擋不住貪污腐敗之風。

　　事實證明，雍正確實消滅了貪官污吏，讓大清的吏治為之一清。雍正主政不到三年，國家庫銀就由康熙末年的八百萬兩增至五千萬兩。更重要的是，社會風氣改變了，一片繁榮景象，這都是雍正的功勞。

火耗歸公

　　為了讓社會廉明，雍正還下令官員不准收禮。

　　他認為社會風氣為什麼不好，就是因為大家這樣私相授受，把公家的事和私家的事混雜在一起，靠著送禮走後門，為了送禮向百姓們收賄，說穿了，都是一個貪字，所以，除了清查虧空，他更想扭轉這種送禮的風氣。

　　地方上的官員不當一回事，下屬依然送禮，長官照常收禮。

　　中國人常說有「禮」走遍天下，無「禮」寸步難行，這些當官的認為：只要送的人和收的人都不對外張揚，遠在京城的皇帝又怎麼會知道呢？

　　沒想到，雍正棋高一著，他派出無數的耳目，安插在官員身

邊，這些皇上親派出去的密探，專門把官員大大小小的事，一五一十向他報告。

巡察御史博濟到江南巡察，江南的地方官員便藉機送他禮物，希望他回京後，能對皇上美言幾句，說他們在江南這個地方盡忠職守，不要來清查這裡虧空的事。

博濟看了看這些送來的禮物，無非是黃魚、螃蟹、水果等土產，心裡很不高興。他故意刁難著說：「你們想要我回京說你們工作認真，只是心意這麼一點，我的報告也只能一點點。」

江南的官員急忙伸手過去，把黃魚撥開：「大人請看，咱們的心意可是很足夠的，大人不要被外表給騙了呀！」

黃魚下，是亮澄澄的金子和珠寶。

博濟呷了一口茶，輕點著頭

說：「你們的心意，老夫不客氣啦，相信皇上知道諸位的辛苦，一定也很高興。」他伸手把黃魚撥上，心滿意足的搖頭晃腦起來。

這些地方官拿來孝敬博濟的「心意」，當然也是向地方上的百姓敲詐來的。

博濟以為神不知鬼不覺，這些「心意」他可以安心的帶回北京。

沒想到，遠在北京城裡的雍正，卻由密探的報告裡，得知這件事。

「好呀，朕三令五申不許收禮，博濟竟然敢違抗朕的旨意。」雍正憤怒得真想立刻把他抓到面前訓斥一番。

「來人呀！傳旨把博濟的烏紗帽給朕摘了，看看還有誰敢再收禮！」雍正還加派一道諭旨：「如果以後再有人膽敢私自接受賄賂，一定是上級督導不周，因

此，連同他的上司，也要一起受罰。」

雍正命令一下，各地長官看到皇帝摘了巡察御史的烏紗帽，怕下屬送禮連累了自己，急忙對部屬宣布不能送禮來：「誰敢送我禮，我就把他的烏紗帽一併送進京。」

這招打蛇先打蛇頭的方法，也是雍正想出來對付貪官的妙計。

雍正大力清除貪污，禁止收禮送禮，卻讓很多官員過著「官不聊生」的日子。

原來，中國歷史上，清朝官員的薪水幾乎是最低的。

當時一個九品大小的官，一個月的俸銀不過三十三兩，比地方上小地主的收入還要少；薪水雖少，遇到了上司的生日喜慶卻要送禮，過年過節也要送禮，想升官更要送禮，有事相託沒有

禮，哪能去拜託人家？

這些上司收到了禮，他們也有他們的苦惱。他們的薪水也不高，收了禮也是要送給他們的頂頭上司，環環相扣，一層剝削一層。現在皇上一再禁止不能收禮，可苦了最下級的官員，他們的薪水最低，更沒人會送禮給他們，為了生活，只好把腦筋動到尋常百姓的身上。

地方上的小官有向百姓們收稅的權利，於是，他們便假借各種稅收的名目，伸手向百姓們要錢了。

老百姓繳稅時，送來的是碎銀和銅錢。地方小官要送到中央時，必須先將碎銀加工鑄造成大的銀錠。可是在熔解碎銀時，如果裡面有雜質，熔解後重量便會不足而有損耗，地方官員自然無力負擔這筆「火耗」掉的費用。

如此，百姓交來的稅，中央

政府不願少收，而這種額外的損失，地方官員又無力支付，於是，官員就把這樣的損耗變成另一條稅，再向人民徵一筆稅。

有的地方官為了自肥更為了送禮生活，一口氣就加了好多稅，地方官收來的額外稅，大多進了自己的口袋，少部分才交到中央政府。他們憑藉的理由竟然是：「因為我們的薪水低，沒有這筆收入，怎麼生活得下去？」

雍正既然要打擊貪污，這種名目繁多的稅收自然也要改進。於是，他令大臣們集思廣益，提出一個確切的辦法來解決。

他們討論出一種「養廉銀」的制度，就是由政府統一收「火耗」，地方官不能再加收其他名目的額外稅，收來的「火耗」給官員加薪，希望官員能因為薪水增加而不再送禮和收賄。

雍正覺得有道理，便批准山

西、河南等省實行養廉銀制度。

　　後來山西、河南等省先推行這個制度，其他省份也跟著實施。雍正登基不到一年，就讓國家的稅收、官員的風氣，有了大大的改變。

　　由於一條不准收禮的政策，讓整個官員間的生態有了根本的轉變，百姓也不用被各種稅收壓得喘不過氣來，可見政府做事如果能多站在百姓的立場想一想，一定可以施行許多有利民生的大事。

9 尊孔禁洋教

　　雍正三年，一道聖旨傳到了各地：「孔子乃是至聖先師，他的為人值得大家推崇，為了表示尊敬，凡是姓名裡有丘字的，全都要改成邱。地名裡有丘字的，也都要改用別的字代替。」

　　這道聖旨，讓很多姓丘的人忿忿不平的抱怨著：「我們姓丘姓了幾千年，從來也沒有事，為什麼要我們改姓？」幾個血氣方剛的年輕人喊著，看得出來他們都是丘家的子弟。

　　「噓！年輕人啊，你們可別大聲嚷嚷，小心犯了沒有『敬避御名』＊的罪，到時候幾個頭都不夠砍呢！」一個有見地的老漢說。

　　「敬避御名？這是什麼意思？」年輕人不服氣的問。

「自古以來，只要有人的名字跟皇帝的一樣，都要自動去改名，如果不改，被判個大不敬的罪，可是要殺頭的呀！」。

「可是，孔子又不是皇帝！」另一個小伙子說。

「孔子不是皇帝，不過皇帝認為他是呀，當今雍正皇帝尊敬他，你們姓丘的人只好改個姓吧！」老漢說：「況且……」

「況且什麼？」小伙子性急的問道。

放大鏡

＊**敬避御名**　中國古代對皇帝的名字，全國的臣民都要避諱，稱為「國諱」或「公諱」。另外，父母或祖父母的名字，全家後代的人都要避諱，這叫作「家諱」。還有一種是既非皇帝又非尊親，而是周公、孔子一類聖人的名字，也要避諱，這叫作「聖諱」。

這三種避諱中，「國諱」是最為嚴重、最為嚴格的一種，連皇帝本人也必須遵循。

「國諱」要避諱的主要是皇帝本人的名諱。甚至，還要避諱皇帝的字，皇后及皇帝的父祖的名諱；說得更廣一些，甚至連皇帝前代的年號、死後的諡號、皇帝的陵名以及皇帝的生肖和姓氏，也都要避諱，所以那時的人，如果要幫孩子取個名字，可要把每個避諱的字搞清楚，不然得個犯國諱的罪名，可會惹來殺身之禍的。

「你們可知道，這雍正皇帝叫什麼名字嗎？」老漢壓低了聲音接著說。

「胤禎呀！」一個白面書生回答道。

「這就是啦，雍正皇帝登基的第一天，就命宗人府下條子，要他的兄弟統統不能再用『胤』字啦，什麼『胤禔』、『胤礽』全要廢掉。」

「不能用？那改成了什麼？」

老漢摸了摸鬍子，笑著說：「胤字不用，全改成了允字，胤禔變成允禔、胤礽成了允礽，你們想一想，那些皇帝的兄弟，哪個不是親王、貝勒和大將軍的？可是皇帝叫他們改名字，他們誰敢不改？你們只不過是小老百姓，還敢在這裡大聲的嚷嚷？」

老漢的話，讓這幾個丘姓的年輕人，悻悻然的回家，急乎乎的把祖先牌位上的「丘」，全改

成了「邱」。

「老祖宗呀，不是我們不尊敬您，誰叫我們的姓和孔子的名字相同呢?」比較注重傳統的老人，掉著淚說。

雍正尊敬孔子，他常說:「天地君親師是人人所要尊重的，而能把這個道理解釋得清清楚楚的，只有靠教育。孔子重視教育，教育大家都要有人倫思想，是至聖的老師。」

雍正下旨追封孔子為五世先人，以表示對孔子的敬意。

孔子是儒家學說的代表人物，因為雍正尊敬他，更多人就跟著提倡儒家學說。

雍正一方面尊孔，另一方面卻對西洋傳教士在中國的傳教，大力查禁*。

放大鏡

*因傳教士捲入宮廷政爭，雍正下令全面禁教（1723年），禁止西洋傳教士在中國的傳教活動。不過，雍正的禁教並沒有徹底實施，卻使西學的輸入中止。

　　那時的浙閩總督覺羅滿保，認為洋人來中國，提倡邪教，煽動人心，他向雍正提議：「把懂得西洋科學的傳教士送到北京，其他的全送到澳門去。」

　　接受傳教士和西洋科學是康熙最熱衷的事，因為康熙採用開放的心胸，才能把西洋的科學帶進中國來，促進中國的現代化。

　　可惜，雍正信佛，相信道家的煉丹養身之術。

　　雍正認為道士煉的丹藥可以延年益壽，他不但自己服用，還把這些丹藥，送給親信大臣。大學士鄂爾泰服用後，也說大有功效；年紀較大的河東總督田文鏡，也從雍正那裡收過不少丹藥。

　　雍正覺得覺羅滿保的話，很有道理，便命令各地官員把傳教士送到澳門集中管理，如果年紀太老，不想去澳門，也不想回國

的，就只能住在廣州的天主堂，不能外出傳教，百姓們更不能進教堂。

對於外國使臣，雍正也不讓他們在北京城住太久，真要住下來，那就要放棄自己的國籍，入中國籍，終身不能回國。只有少數的傳教士，像南懷仁、白晉等人因為他們在北京城裡當官，還能保留自己的宗教信仰。

各地官員根據這道命令，將禁教一事風火雷急的在各處推展開來。沿海的省份，是洋人來中國最先落腳的地方，也有最多的教堂，官員在禁教上也特別努力。

像雍正信任的大臣李衛，對於禁教執行得特別賣力。

李衛那時正在杭州當官，親自帶著侍衛，查封杭州城內大大小小的天主堂。

「把傳教士押起來，送到澳

門。」李衛高喊著。

傳教士們大聲喊冤，不想去澳門。

李衛板起臉來：「你們是敬酒不吃吃罰酒嗎？給你們臉你們不要臉，來人呀，把這些洋鬼子五花大綁，押到澳門去。」

「大人，那些教堂怎麼辦？」部下們問。

「要不要放把火燒了？」部下王尚提議說。

李衛看看那些有著尖塔的洋教堂，計上心來：「王尚，這些洋鬼子的廟，住的什麼亂七八糟的神，咱們全都不認識，咱們還是請媽祖娘娘來，只要把白牆塗紅，加個香爐，包管西洋鬼子的神自動讓位。」

王尚聽得直誇好，卻讓在旁邊觀看的人搖頭嘆氣。

「唉！」許多信徒們心裡不禁發出一聲長嘆。

「天主無所不在，只要我們相信祂，祂就會在我們心裡的。」幾個虔誠的婦人，相互鼓勵。

白花花的陽光下，白色的西洋教堂，搖身一變，成了大紅的中國寺廟，只是尖塔有些刺眼，更改的痕跡太過匠氣，雖然媽祖娘娘在廟裡安座，卻怎麼看怎麼奇怪，不中不西，也有點不倫不類。

那幾年，中國各地都可以看到這樣荒謬的劇情上演著。

雍正極力禁洋教，不許漢人信洋教，當然更不許滿人信洋教。

大臣信奉天主教如果被雍正知道了，都被他在朝廷上當面指責：「你們這是背叛了祖宗，違背了祖訓。」

禁止傳教士來中國傳教，同時也把隨之而來的先進科學阻絕在外了，這一中斷，恰恰在西方

科學文明開啟的年代，西洋正開始工業革命，中國卻實行鎖國政策。

康熙喜歡西洋科學，開明的心態，給中國帶來新的風潮；雍正嚴禁洋教，等於把那扇稍微打開的窗關上，把好不容易吹拂進來的和風，又往外推了出去。

10 士民一體當差

雍正二年。

河南省鞏縣縣衙門外頭，一張新貼的布告令，白紙黑字，在陽光下格外的刺眼。

「即日起，生員與百姓一體當差。」

這道布告令的意思是：只要是家裡有田產的人，不管你是官是民，都必須要服從政府所派撥的差役。對國家服相同的勞役，是一件很稀鬆平常的事。

可是在清代入關時，為了拉攏儒生的心，當時就規定：當官的人和儒生，都可以免除一部分的丁役。官方在收錢糧繳稅時，將官員和儒生分別稱為「官戶」和「儒戶」，不用服勞役。

地方上的鄉紳和官員便利用這條法令，互相勾結，憑藉自己

的特權，少出甚至不出自家的賦稅和徭役，他們還代替地方官員向老百姓們徵收錢糧，並讓親戚寄戶在自己門下，藉以逃避應繳的錢糧。

如此一來，稅賦就全轉嫁到百姓頭上了。那些天天與田地為伍的農夫，肩上的擔子又加重了，百姓苦不堪言，官員和儒生卻樂享其成。

雍正看出這項弊端，更急著想改革，於是下旨施行士民一體當差的政策。

改革，常招來許多人反對。

果然，鞏縣的布告令張貼不到一天，幾個儒生便在縣衙外頭聚集起來。

「幾十年來，儒生都不用當差，為什麼現在卻要？」他們忿忿不平的說。

「這一定是縣令張可標在搞鬼，我們找他理論去。」說話的人

是鞏縣的縣學教官楊卓生，他一向和張可標不和。

「對對對，一定是張可標搞的鬼。」其他儒生附和著。

楊卓生登高一呼，鞏縣的儒生們很快的聚集起來。他們先聚集在縣衙門外頭，接著霸占縣衙門，值勤的捕快看到來鬧事的都是儒生，一時不知該如何是好，急忙向縣令報告。

縣令張可標沒見過這麼大的陣仗，一時慌了手腳，儒生們見縣令躲著不出來，申訴無人理，於是聚集的儒生越來越多，不但強占官府辦公廳舍，還到處與人滋事。

事情傳到雍正耳裡，他明快的要求河南巡撫調查張可標是否貪污，一方面又派了大軍，將所有鬧事的儒生逮捕。

鞏縣的動亂平息了，河南封邱縣的儒生卻又傳出動亂。

　　河南封邱靠近黃河邊，修築黃河的河堤需要不少的民工苦役。

　　當時封邱縣令唐綏祖，依照雍正「士民一體當差辦法」，要求「家裡有田地一百畝者，都要出一個民工」。

　　唐綏祖的命令一出，立刻引起當地秀才的反對。

　　幾個秀才分頭向儒生說:「徵收錢糧幾十年來都是依儒戶和官戶分別辦理，這是我們的權利。」他的意思很清楚，秀才是儒生，多年來儒生都不用去服勞役的。

　　帶頭的秀才首領王遜、范瑚，找了許多儒生，在半路上攔截住縣令唐綏祖的轎子。

　　「我們是儒生，怎麼可以和一般百姓一樣去河水裡掏泥沙搬石頭呢?」王遜很生氣的說。

　　「是呀！是呀！儒生本來就比那些死老百姓的地位要高呀！」

其他秀才群情激憤的說。

唐綏祖請出聖旨說：「士民一體當差，這是皇上的政策，大家都是百姓，誰也沒比誰優越。你們誰再鬧事，我就把人通通捉起來。」

唐綏祖的態度讓這些儒生化明為暗，明著不敢鬧事，卻在背地裡開始串聯。

「今年的鄉試，我們儒生不要去考。」范瑚伏著自己是武生，帶頭說：「大家都不去考試，朝廷才能知道我們的心聲。」

「對對對，朝廷不重視儒生，我們就不考。」其他儒生果然不去應考。

少數幾個儒生想去考試，范瑚還帶人擋在考場前，有人衝進去考試，他還把考卷搶過來，不准他們寫，並嚷著：「我們罷考，除非朝廷改變政策。」

風波越鬧越大，雍正便派大

臣張廷璐和陳時夏去處理這件案子，並說：「士民一體當差，是朕推行的政策，也是對國對民有幫助的好事，你們一定要好好向這些儒生講清楚。」

張廷璐和陳時夏連連稱是，沒想到，他們到了封邱，轉而同情儒生，認為雍正的政策不對，在審理這件案子時，既不升堂也不開庭，私下把儒生聚集在一起開座談會，拜託他們來應考。

雍正認為張廷璐和陳時夏包庇考生，於是免了兩人的職位，派刑部侍郎阿爾阿松趕赴河南，和總督田文鏡一起審理此案。

阿爾阿松支持雍正「士民一體當差」的決定，他知道這是讓稅收制度健全的好方法，所以在審理時，和田文鏡一起秉公辦理，將鬧事的首領王遜和范瑚處斬。

這些儒生便不敢再鬧事了。

　　同時，雍正又針對這次罷考事件，下了一道命令:「以後再有人敢串聯起來罷考，就永遠停止他的應考資格，全縣罷考，也照樣辦理。」

　　當時的儒生，當官唯一的途徑就是考試，如果被判終身不能應考，等於把一生的前途全葬送了。

　　於是，雍正的士民一體當差的政策，就在他明快的處理下，順利的推行起來。從此以後，不管是儒戶還是官戶，都要和百姓一樣服勞役，雍正朝的稅收公平，也因此向前跨了一大步。

11 萬民平等

　　雍正除了採行「士民一體當差」，讓所有人民在服勞役與稅賦上能盡量公平外，他在其他地方，也能注意到人民是否受到公平對待，例如為各地賤民除籍就是一例。

　　明朝初年，朱元璋死後，明惠帝接任皇位。

　　惠帝的叔叔結合了一批大臣，把惠帝趕下臺，自己當了皇帝，就是後來的明成祖。

　　成祖當了皇帝，對支持惠帝的大臣展開報復行動，該殺的殺，該關的關，還把一些官員貶為奴隸。古時候，只要一入了奴隸籍，子子孫孫就很難有翻身的機會。

　　這些人的後代，只能做別人不要做的工作，挑糞、送葬、行

乞等等，每一個人都可以對他們打罵、欺凌。更可憐的是，即使他們存了錢，想向地方官請求改變身分，地方官也不准。

雍正元年三月，在山西當監察御史的年熙向雍正寫了報告。年熙說：「這些人，都是大清子民，卻因祖先們數百年前犯的過錯，而永遠不能抬頭見人，求皇上加恩，給他們一個重新當『人』的機會。」

雍正很重視這個報告，命令禮部調查。

禮部到全國各地調查之後，沒多久，在各地都發現有這種不公平的戶籍存在。

浙江御史噶爾泰發現，在浙江一帶，有一群人是以捉青蛙、賣錫器、替人趕鬼、演戲、抬轎子或是打零工的方式維生，這些人被稱為「惰民」，因為他們的祖先在宋朝時犯了罪，集體被判

為「丐戶」。

宋朝距離清朝的年代更遠，可是這群「惰民」，卻因為祖先犯的案子，結果一代又一代，在浙江地區過著可憐兮兮的生活。

他們只能撿別人不要做的工作來做，地方上的人鄙視他們，地方仕紳對他們毫無憐憫之情，地方官員更規定他們，不可以讀書考試，不能當公務員，不可以跟一般人家的人結婚，甚至在公共場合都不能隨意出現。

噶爾泰還說：「這些人，他們住在貧民窟，過著暗無天日的生活，活著時，享受不到一點當人的尊嚴，死的時候，就像條狗般被人遺棄，地方官也不聞不問，更可怕的是，他們的孩子，還沒出生就已註定要悲慘過一生，請皇上替他們開脫這個不名譽的罪名，讓他們在皇天之下，享受皇上的恩澤。」

　　除了噶爾泰，還有人查到：有些貧苦的農人，因為家裡窮，沒有房子，沒有農具和牲畜，為了求得一頓飽，自願到大戶人家當奴僕。這些可憐的窮人不識字，被騙簽下「賣身為奴」的契約，結果成了地主的「世僕」。

　　成了世僕，那就連後代子孫的未來也全賣了。後代的子孫只能一輩子當地主的奴隸，不可以改變職業，不可以搬家，連結婚辦喪也都要完全聽主人的安排，主人如果要賣田地，也可以把他們當成財產一起轉賣。

　　看著各地方調查出來的報告，想著那些可憐百姓的生活，讓一向處事明快的雍正下定決心，一定要讓普天下的百姓都有好日子過。

　　可是，禮部卻反對。

　　他們說：「捕青蛙、賣餅、為人做媒、幫人做雜工，是貧民謀

99

生、賴以餬口的工作，如果現在把他們除了籍，就好像是不允許他們再做這些事，他們反而沒有飯吃了。」

禮部的官員，想的是貿然替這些賤籍的百姓除了籍，他們一時之間將無法謀生，明明是為他們著想的好方法，卻可能變成逼死他們的惡法。

雍正的想法卻更遠，他親自反駁禮部的官員：「一時的不便，地方官員可以為他們想辦法，可是如果這些人無法變成一般良民，他們的子孫將永遠在這種可怕的賤籍裡沉淪。」

他勸服了禮部，並且頒布了命令，讓各地的賤民除籍，讓奴隸翻身成為普通百姓。

雍正的除籍令下了之後，有不少地方的賤民都因此改變職業，變成一般良民，擺脫了屈辱的日子。

12 密摺制度

在雍正之前的康熙皇帝，發明了一套密奏的方法：大臣們在向皇帝請安問好的摺子上，順便把他們想上奏的機密事項寫在裡頭，不管是揭發其他官員的不法事情，或是各地方的民情，都可以寫。這種密奏，只有皇帝本人才看得到，其他的大臣看不到。

康熙的做法，讓魚肉鄉民的貪官污吏不敢為所欲為，舞弊的官員收斂不少。所以康熙曾說過：「天下的大權，朕一人獨可操控，不可落在他人手上。」

建立密奏制度，讓康熙在全國各地有了情報系統，替他打探消息，皇帝的施政更加快速有效率。

雍正也將康熙的密奏制度學起來，還加以發揚光大，變成密

摺制度。

雍正規定，不管是在京城或是外派的官員，都要實行「密摺」制度，尤其是在京城各部的監察官員，每人每天都要寫一道「密摺」，一摺只說一件事，不管事情大小，都要據實以報，即使無事好奏，也要說明「為什麼無事可報」。

這些密摺，只有雍正能看，他看完再用紅筆寫評語，叫做「硃批諭旨」，最後發還本人。

雍正許多重大的政策，都是透過密摺往返後，才實施的。

雍正最重視「保密」，各地官員在密摺裡所談論的事涉及廣泛，也牽涉到官員的任用與取捨，為了不讓內容外洩，雍正一再向屬下講：「密之一字，最為要緊，不可讓任何人知悉。」

他還交代臣子們：「在地方上查訪，要當心謹慎，不能誣陷好

人，也不能放過壞人，如果不能保密，還不如不要向朕呈報。」

有一次，雍正在密摺裡對甘肅省提督路振聲說：「你弟弟路振揚，辦事勤奮，朕覺得十分欣慰。」

路振聲是武人出身，平時不重小節，一見皇上稱讚弟弟，覺得這是家族榮譽，更想把這個好消息告訴弟弟。他把皇上的硃批抄下來，轉寄給路振揚，希望讓弟弟知道，皇上很看重他，稱讚他。

路振揚讀完信，喜不自禁，覺得能被皇上稱讚，真是三生有幸，於是提起筆來，就寫了封又臭又長的奏摺，寄到北京城去向雍正謝恩。

雍正生平最恨洩密的人，這下路家兄弟馬屁拍到馬腿上。雍正很氣路振聲把硃批密摺的內容外洩，他拍著桌子大罵：「朕有

旨，一切的密摺，不可以外洩一個字，不許告訴任何人，路振聲公然把朕的硃批抄給他人看，眼裡大概沒有朕，傳令下去，今後再有人膽敢洩露硃批一字，朕即要他項上人頭。」

群臣忙著替路振聲求情，請雍正原諒他無心的過錯。

雍正後來沒有處罰路振聲，因為知道他是個武夫，但也可以由這裡看出雍正對密摺內容外洩的重視。

為了確保密摺內容不外洩，雍正把批過的硃批奏摺，發還給官員看完後，再全部回收。

這些密摺都有特製的皮匣，配上鎖匙，只有官員和皇帝才有鑰匙，別人無法打開來看；奏摺會直接送到皇帝手上，他親自開匣，親自批閱寫硃批。

每一天，雍正都要看很多很多的密摺。他自己說：「各省文武

官員的奏摺，每一天至少三、五十件，有時多到七、八十件，都是朕親自批閱，從沒有假手他人代批，也沒有一個人看裡頭的內容給朕意見。」

為了批密摺，他常常工作到凌晨，硃批的字數也與他看密奏時的心情感受有關。有時批一、二十字，有時批上百字甚至千字，他的硃批常常比大臣們上奏的內容還多，像現在老師改作文一樣，勞心勞力，付出很多的心血。在他的硃批中經常可以看到「燈下所批」、「燈下逐條省覽」等等的字樣，由此可見，他真是一位勤政的皇帝。

密摺讓他對官員的才能，有更進一步的了解。有人檢舉某人貪污，利用密摺告訴了雍正，雍正並不會立刻下判斷，他會再請其他人也去觀察看看，再從中判斷到底誰對誰錯。

密摺也有信的功用，可以連繫君臣的情感。臣子生病、工作有成就，密摺化身成君臣間的情感橋樑，雍正隨筆幾句甜言蜜語，往往讓臣子們感動得五體投地。

大臣犯錯時，密摺馬上成了「哈利波特」故事裡頭的「咆哮信」，隔著幾百里，雍正也能利用密摺，對著官員大罵。

雍正是個嚴屬的皇帝，罵起人來，往往讓這些飽讀詩書的大臣們招架不住，也許正是因為有這樣的硃批，一下子對大臣灌迷湯，一下子對大臣咒罵，雍正才會讓人有種「喜怒不定」的感受。

像雍正罵漕運總督張大有辦事不力，他在奏摺上批著：「你寫這種奏摺，朕簡直要笑死了。」

湖廣總督邁柱得到的評語更難堪：「一切的施政作為，湖廣都

比不上其他省，原來，這是因為你比不上其他人，唉呀！朕真是為你感到羞愧呀！」

雍正的硃批裡頭，也有很多很精采的句子，有些讀起來，富有哲理，簡直可以拿來當成座右銘。

像他給石文焯的硃批：「凡人修身行事，是即是矣，好即好矣。若好上再求好，是上更覓是，不免過猶不及。」這則硃批在勸官員不要吹毛求疵，凡事盡力做好即可。

他還給石文焯寫過另一則硃批：「涓涓不盡，流為江河，所以聖人謹於防微杜漸，若不除之於早，其害必致蔓延，此事慎毋泛泛視之。」這則硃批是叫石文焯要謹防小毛病，能時時警惕自己，把自己的小缺點除掉，才不會變成大過失。

你看，雍正雖然一天要批很

多摺子，但是寫出來的話，還是很有意思，值得我們好好品味。

雍正十年，他宣布要將密摺全部印成書，讓天下的臣民們了解他治國的理念，可惜直到他過世前，這本書都還不能出版。等到他的兒子乾隆當皇帝，才把一部分的密摺編印成書，把書名定為《硃批諭旨》。

這本《硃批諭旨》收錄七千多件密摺，卻只是這些檔案的二、三成，原件大概超過三萬件。如果我們一天讀一件密摺的話，大概也要讀上一百年才能讀完，雍正只當了十三年的皇帝，卻有三萬件的密摺，要細看又要詳寫看法和心得，想來，雍正真是古往今來最努力治國的皇帝了。

13 不殺諫官

　　朱軾，是雍正很看重的一名官員，他的官不大，卻常常冒死進諫雍正，對雍正想要做的事，如果覺得是不對的，他就會提出自己反對的意見，該說就說，該做就做，讓朱軾身旁的人，常常要替他擔心。

　　人們都知道雍正是個十分嚴厲的人，他的兄弟被他關起來，他的功臣即使做到了撫遠大將軍，還不是照樣被他處死。

　　可是朱軾不怕。

　　雍正在國內推行火耗歸公，他把火耗歸公當成自己最大的成就，全國各地如火如荼的推行。

　　可是朱軾反對，他認為火耗歸公後，用養廉銀去供養官員，是一件很不合理的事。他說：「會貪污的人，並不是你給他們更多

110

的薪水，他們就不會貪污了，人的貪念是沒有盡頭的，給他們再多的錢，他們只是厚顏無恥的收下來，還會回頭向百姓們敲詐勒索。」

皇帝正要推行新政，卻跑出一個朱軾來唱反調，說新政的壞話，支持新政的人都等著看朱軾的腦袋哪一天要搬家。

「小小的朱軾，也敢在老虎嘴上拔毛？」這隻老虎指的，當然是一向喜怒無常的雍正。

可是，出人意料的是，雍正不但沒殺他，還把他升了官，要他去教育皇子弘曆等人。

他說：「朕知道朱軾一心為國家著想，才會這樣勇於向朕進言，殺了朱軾不難，但是殺了他，往後又有誰敢向朕說真話呢？」

朱軾升官後，直言的個性仍然沒改。

　　沒多久，朝廷又要對西北用兵了，打仗要花很多錢，也會死很多人。朱軾知道後，又出來反對。

　　其他大臣懂得見風轉舵，大家揣摩雍正的心思，都知道雍正想大舉用兵，一次解決西北邊疆的亂事，因此，朝廷上下都是一片支持用兵的聲音。

　　「這個不識時務的朱老頭，他以為當幾天皇子師傅，就想教訓皇上了。」大臣們私下這麼認為，大多數的人也都想看笑話。

　　朱軾的奏摺上去了幾天，雍正對他既不理也不睬，看來對西北用兵的政策是不可能再更改的了。

　　朱軾於是下了決心，再寫一封奏摺，說自己病了，想要回家鄉養病。其實他是覺得自己的話不受重視，想回家種田。

沒想到，雍正一接到他的奏摺，就把他召到了殿上，當面挽留他。

朱軾一介書生脾氣，堅持要退休養病，不斷的叩首說：「請皇上准臣所奏，讓臣返鄉養病。」

雍正看他那副義正辭嚴的樣子，再細想他的出發點，其實也都是為國為民，於是趨前扶他起來，很認真的對他說：「你的病如果不能夠醫，朕怎麼忍心留你下來；只是，如果你的病還可以醫治，你怎麼忍心對朕說你將要走呢？朕希望你留下來，為朕多講講真話呀！」

朱軾本來是真的想要走，但聽到雍正的話，雙膝不禁跪了下來：「臣不退了，臣不退了，皇上如此愛臣，臣的病也好了大半，今後就算有人用刀子架在臣的脖子上，臣也要賴在京城裡不走了。」

　　自此以後，朱軾死心塌地的在雍正朝當官，當然，那副脾氣終身不改，他對雍正的措施都很認真的研究，發現有什麼不妥的地方，就盡責的上摺子、寫報告，雍正很讚賞他的剛直不阿，也因為他們君臣相處的方式，讓其他的官員敢於提出不同的聲音。

　　後來的孫嘉淦，也和朱軾一樣有話直說。

　　那時，雍正皇帝剛剛即位，正是和幾位兄弟爭權奪利的時期，幾位親王不是被關，就是被降職，在翰林院裡當個小官的孫嘉淦，大膽的寫了一封長長的摺子，希望雍正能夠「親近兄弟珍惜骨肉之情；朝廷不要再為了銀兩，把官位賣給百姓；對西北的用兵也要立即停止，免得勞民傷財。」

　　雍正看完，氣得暴跳如雷，

說：「誰，他是誰，敢對朕說這種話？」雍正那時最恨別人說他殺害兄弟，他總是認為，如果不是兄弟們想爭皇位，他也不用這樣大開殺戒呀！

皇帝生氣時，旁邊的人大氣都不敢喘一下，雍正氣憤不已，立即把管理翰林院的朱軾叫上朝。

「說，這個孫嘉淦是什麼樣的人？他居心不良呀！」雍正對著朱軾咆哮。

朱軾知道雍正性子急，但是道理還是聽得進去的。他也喜歡孫嘉淦，知道這個年輕人敢說真話，是雍正未來的得力助手。

他小心翼翼的說：「孫嘉淦這個年輕人，我很佩服他。」

「佩服他？朕砍了他的腦袋，看你還佩服不佩服？」

「啟稟皇上，孫嘉淦學問不差，人品不壞，不過，最叫微臣

佩服的，還是他的膽量。」

「膽量？」雍正一愣，看看朱軾，想想自己，一想，有意思了，「這小子學你哪，老朱，看來你後繼有人啦！」雍正轉怒為喜，笑了出來。

孫嘉淦立即被提拔為國子監的司業，本來該是掉腦袋的人，不僅死裡逃生，還破格升官。

「你們想問為什麼吧？」雍正對著他的臣子說:「孫嘉淦敢直言進諫，敢向朕說真話，朕難道沒有聽真話的度量嗎？所以朕想一想，不但不生氣，反而很欣賞他不怕死的作風，你們可要學學孫嘉淦有話直說的個性。」

後來孫嘉淦因為敢直言的個性，好多次在朝廷上和雍正據理力爭，雍正有時被他頂撞得張眼欲狂，卻總能在最後關頭冷靜下來，一個敢憑真心說真話、敢這樣直言不諱的屬下，讓雍正修正

了不少錯誤的政策。

　　當然，直到雍正死時，孫嘉
淦的腦袋都保全得好好的，官位
還越做越高呢！

14

李衛當官

　　雍正還有個耿直的大臣，叫做李衛，在推行新政上，幫助很大。

　　李衛是江蘇銅山人，康熙二十五年生，五十六年捐錢當了兵部員外郎。

　　兩年後李衛升了官，到戶部當差。戶部是負責向老百姓收錢糧的單位。李衛的頂頭上司是個貪財的親王，每次向下屬收一千兩，就要額外多加十兩的附加稅，當作他自己的私房錢。

　　李衛很看不過去，他覺得這是不對的事，他雖然只是一個小官，但卻不怕親王。

　　「您這樣做，簡直就是惡性敲詐嘛！」李衛三番兩次跑去找親王理論。

　　「國家每年向他們收稅，也

是為這些死老百姓們造橋鋪路，多收這十兩銀子，也是用之於民呀！」

「可是，收稅有一定的規矩，你亂徵稅，就是違法。」李衛論起理來，連親王也敢當面頂撞。

親王把架子一擺：「別說了，我是你的長官，我怎麼說你怎麼做，你再說，我連你的烏紗帽都摘下來。」親王氣得兩鼻生煙。

李衛仍然不畏權勢，和親王吵了很多次，只是親王吵完還是照樣多收他的稅。

李衛見親王冥頑不靈，靈機一動，把親王多收來的錢，放進一個櫃子裡，櫃子外頭貼了一張封條，上面寫著：「某某親王盈餘」。

這件事鬧得滿朝文武人人皆知，大家上了戶部，都伸長了脖子，想看看「某某親王盈餘」的

錢櫃放哪兒，親王被李衛修理得很狼狽，只好不再多收錢糧。

雍正就是需要公正辦事的人才，因此很快便把李衛升為雲南鹽驛道，負責管理雲南的鹽政。李衛後來一路高升，官做得很大。

李衛辦事秉公處理，不懼各方壓力。他在浙江管鹽務時，就不怕鹽商的恐嚇威脅。

以前，販鹽是一項賺大錢的行業，他們把沿海的鹽販賣到內地，賺取中間的差價。古代交通不便，鹽賣到內地，價錢水漲船高，許多鹽販子就和不肖的官員勾結，把官家製作的鹽低價賣給鹽販，鹽販子用高額的價錢賣出去，等賺了錢，再把利潤分給官員，白花花的銀子就這樣進了大家的口袋，只是苦了內地的百姓，要買很貴的鹽。

李衛一上任，許多鹽商照往

例送李衛許多金銀財寶，希望他像以往的鹽務官員一樣，睜一隻眼，閉一隻眼。

沒想到李衛不吃這一套，他派兵護送官鹽，一定要平安的送達內地，又把官鹽的價格壓得很低，讓內地的人民有便宜的鹽可吃。

鹽商們無利可圖，便花錢找來許多軍隊，想要造反作亂；李衛毫不畏懼，自己籌組水師，保護官鹽運行的河道，剿滅了沿海許多武裝叛變的鹽販。

這樣一來，鹽的價格低了，官鹽也有了收入，大家對李衛都很佩服，稱他是一位正直的好官。

雍正喜歡李衛的，就是他這種勇於任事、不顧情面的辦事態度。

李衛還曾經密奏鄂爾泰的弟弟鄂爾奇違法亂紀。鄂爾泰的官

位比他大得多，雍正怎麼可能會辦鄂爾奇？一個不好，連李衛都會掉腦袋。

可是李衛不怕，該怎麼辦就怎麼辦，他還是將密摺寄給雍正看。

雍正看了李衛的密摺，便派人去查，事情果如李衛所說的，於是，雍正便將鄂爾奇革了職。

李衛後來升為浙江的巡撫，為了推行新政，總是搶全國風氣之先，雍正皇帝想改革什麼，他就率先下去做。

李衛一輩子辦了許多大貪官，把官員貪污的錢都追繳了回來。他還發展浙江的經濟，讓當地的百姓過著較富足的生活，認認真真為百姓辦了很多事。

他和田文鏡最大的不同是，田文鏡雖然也行新政，卻對百姓一味搜刮。李衛書讀得不多，卻總是站在老百姓的這邊，事事以

老百姓為先，仁慈為政。他打擊的都是地方上的惡霸貪官，老百姓受冤，他會出來主持正義，老百姓受災，他會先去賑災。

李衛後來到北京當直隸總督，有一次要到南方出差，途經浙江，地方上的老百姓自動扶老攜幼，在他經過的地方，排著隊等著對他頂禮膜拜，夾道歡迎的人潮竟然蜿蜒了十餘里，人人奔相走告：「李總督回來了，李總督回來了。」

聽聽那呼喊的聲音，多麼親切，那是對一位愛民如子的官員，最高的敬意呀。

雍正喜歡李衛，但是也常提醒他不要太過盛氣凌人。

有人曾檢舉李衛：「當官沒當官的樣，對長官也沒有禮貌，竟然直呼總督高其揚為老高，巡撫揚名時為老揚，還在自己執事的牌子上寫著欽用。」

　　雍正看了笑一笑，他知道李衛的個性，沒處罰李衛，只在摺子裡告誡他，與人交談要謹慎，切莫與人留下話柄。

　　李衛在官場像個小孩子般，卻也只有雍正能用他的優點，欣賞他的長處，如果不是雍正當皇帝，換個老學究型的皇帝，也許，李衛一輩子只能當個小官，甚至早就被罷官了也說不定。

15 文字獄

　　文字獄，當然是文字惹出來的禍，文字獄迫害的，也多是讀書人。古來的皇帝怕讀書人鼓吹人民反抗的思想，所以只要牽涉到反動的文字，處罰起來總是特別的嚴屬，逮捕、抄家、坐牢、流放邊疆，甚至殺頭凌遲。就算是已經死掉的人，也會開棺戮屍，而且一人獲罪，往往罪及九族，甚至連近親好友也都有罪。

　　清朝，因為是滿族人統治漢人，更加注意漢人的思想行為，所以清朝的文字獄特別的多，雍正朝也不例外。

　　雍正朝的錢名世，就是因為文字而肇禍的讀書人。

　　錢名世，和年羹堯的別字都叫「亮工」，兩個人還是同一年中的舉人。

雍正二年，年羹堯的聲勢正盛，錢名世也和其他人一樣，對他大拍馬屁，寫詩贈送他：「分陝旌旗周召伯，從天鼓角漢將軍。」

這兩句詩的意思，用現在的話來說，就是把年羹堯比喻成周朝的召伯，以及漢朝的大將軍衛青、霍去病了。

他還建議朝廷應該替年羹堯立一塊碑，附在康熙皇帝的平藏碑後頭，來表揚年羹堯的功績。

雍正處決年羹堯時，錢名世也倒楣了。雍正說錢名世的詩文是想要趨附權貴，簡單的說，就是無恥的想要靠著拍馬屁升官發財，所以下令把他革職，並把他遣回故鄉看管起來。

雍正大概覺得這樣的處罰不夠，還想了個新花招，他親筆寫個「名教罪人」的匾額來罵他，要地方官把這塊匾額掛在錢家大門口，讓地方上的人恥笑他，存

心讓錢名世無臉見人。

雍正怕錢家偷偷把匾額取下，命令常州知府初一、十五就去錢家查一查，如果他不懸掛，就呈報上來再治他的罪。

即使這樣，雍正還是覺得有氣難消，便要求京城裡大大小小的官員，都要寫一首詩來諷刺錢名世，再要求錢名世把這些諷刺他的詩，自己花錢印成書，分發到全國各地的學校，給全國做「身為大臣卻很無恥」的榜樣。

古今中外這樣處罰臣子的，大概也只有雍正想得出來。

如果我們是錢名世，大概連走出門外的勇氣都沒有。全國各地的人，都知道他想攀炎附貴，因為大家都有他自己出錢印的書，書上的字還是罵他的話，他一定覺得很羞辱，其他的官吏大概也沒人敢再拍馬屁了吧！

雍正朝文字獄最有名的一

件，大概是發生在曾靜、張熙身上，以及被他們牽連到的呂留良＊案。

呂留良是浙江人，他曾寫過「清風雖細難歡我，明月何嘗不照人？」的詩句，明白的說出他反對清朝的立場。滿清政府幾次邀他當官，他都不願意，直到康熙二十二年過世，也沒當過一天清朝的官。

放大鏡

＊**呂留良** 1629～1683年，初名光輪，字莊生、用晦，號晚村，桐鄉石門人。明朝滅亡時，他才17歲，但復興明室的意識已極為強烈。他散盡家財，結交各地方的義士，往來於湖山之間，歷經各種苦難，希望能反清復明。因為受到別人的攻擊和迫害，只好改掉姓名去行醫。

他對明朝滅亡十分心痛，立志不當清朝的官員。康熙十七年（1678年），清廷舉行博學鴻詞科考，朝廷利用各種方法推薦他去應考，呂留良卻堅辭不答應，後來有人以隱逸之士的名義舉薦他，呂留良知道消息後，竟然口吐鮮血數升，還生了一場大病。他在病榻上削髮為僧，以出家為理由希望求得一免。

呂留良生平極為不滿清朝對思想、文化的禁錮，敢以讀書人的氣節對抗整個大清的壓迫。後人為了紀念這位富有民族氣節的思想家，便把他的居處和墓地所在的鄉，分別以他的名號命名為留良鄉和晚村鄉，並一直沿用至今。

雍正初年，家住湖南的曾靜，讀到呂留良遺留的詩文，一時驚為天人，對呂留良佩服得五體投地，他特別派他的學生張熙，去浙江祭拜呂留良，那時，呂留良早已死去四十多年，由呂留良的兒子呂毅中接待張熙，並且送張熙一本呂留良的詩文集。

這時已是雍正七年了。

恰好此時川陝總督岳鍾琪和雍正之間發生了一點誤會，岳鍾琪兩次要進京去見雍正，雍正卻不想見他。

曾靜和張熙師徒一聽到這件事，心想機會來了，他們師徒急急忙忙跑去找岳鍾琪，勸他反清復明。

岳鍾琪是岳飛的後代，岳飛一輩子打金兵，金兵是胡人，滿清是女真人，女真人也是胡人，既然幾百年前的祖先打胡人，那麼岳鍾琪一定也會反抗胡人！更

何況，他還和雍正皇帝鬧得不開心呢！

他們的推論乍聽有理，只是岳鍾琪和岳飛中間隔了幾百年，岳鍾琪又做到清朝大將軍，怎麼可能輕易反清？

岳鍾琪和雍正有了誤會，正愁沒有辦法立功，這對寶貝師徒不請自來，就像天上掉下來的禮物。岳鍾琪先請他們坐下，派人辦了一桌酒菜，一邊和他們喝酒吃菜，一邊在腦中籌思怎樣利用這對活寶，重新獲得皇上信任。

酒足飯飽之際，他也想好了計策。

岳鍾琪先假惺惺的答應他們的請求，拍著胸脯向他們保證，身為岳家後代，他一定會帶兵反清復明。

曾靜和張熙不疑有他，當下就把呂留良的文稿和曾靜所寫的《知新錄》交出去，好讓岳鍾琪

能夠號召更多「志同道合」的好漢，共同參與這項大計。

岳鍾琪有了呂留良的文稿，當然沒有去反清復明，他急著想向雍正邀功，連夜派人向雍正舉發。

曾靜和張熙並不知大禍臨頭了，被岳鍾琪軟禁在他家，天天做著反清復明的美夢。

雍正看到曾靜寫的書《知新錄》裡頭，指責雍正是位暴君，殺父逼死生母，殺兄屠弟，還主張漢人要一起來反抗滿族統治。

雍正憤怒的推倒案頭的書，立即派人逮捕呂留良的子孫與學生，甚至連死了四十幾年的呂留良也不放過，命人開棺戮屍。

印書的商人、賣書的小販、私藏呂留良書籍的人，也統統被捉起來，把呂家十六歲以上的人全部處斬，十五歲以下的人不是被殺，就是發給功臣當家奴。

　　至於曾靜和張熙師徒，愛整人的雍正把他們在獄中的供詞，加上自己對這件事的看法，寫成一本《大義覺迷錄》＊，讓曾靜和張熙到各地去宣讀，到處去認錯，以消除東南各省人們的反清情緒。

　　像這樣讓犯了罪的人，像馬戲團般四處去認錯演講，受盡嘲弄，使人連尊嚴都沒有的處罰方式，即使是一般老百姓，也會覺得處罰得太過火了。後代的人之

放大鏡

　　＊《大義覺迷錄》　全書共有四卷，收錄雍正的十道上諭，提審官員審訊與結案的意見，也有曾靜和張熙的口供，書末還附上曾靜認罪所著的〈歸仁說〉一篇。雍正「出奇料理」了曾靜一案，下令將《大義覺迷錄》通行頒布天下各府州縣，要讓讀書的士子和鄉間小民都知道這本書。

　　在書裡，雍正極力寫文章來澄清自己繼位的疑雲，沒想到弄巧成拙，不但沒辦法端正視聽，反而引起更多人想知道宮廷鬥爭的內幕。

　　直到乾隆即位，將《大義覺迷錄》一書列為禁書，並收回銷毀，從此只有少數幾本流落民間。清末，留學日本的革命黨人發現這本書裡，暴露了滿清皇室的權力鬥爭，以及呂留良、曾靜反滿言論，這又變成革命黨人攻訐清廷的材料。

所以覺得雍正很嚴厲，甚至還有不少人罵他，可能和他的處罰方式太過奇特與嚴苛有關吧！

16

青海平亂

雍正治理貪官污吏有一套，對付反對他的讀書人，採用文字獄；對邊疆少數民族的統治，也花了不少心思。

青海的水草豐美，牛羊肥壯，在這裡居住的蒙古和碩特部人，民風強悍。

雍正元年，雍正的皇位還沒坐穩，和碩特部的首領羅卜藏丹津利用這個機會，鼓動他的族人起來反清。

「現在起義，打到北京讓雍正看看咱們蒙古人的威風。」和碩特部的人講。

「咱們蒙古人應該團結起來，不要像噶爾丹一樣，被滿清的皇帝當狗打。」

「對對對，只要蒙古人團結起來，我們一定能像成吉思汗一

樣，再建立一個大帝國。」族人們激動的表示，這個心願可是蒙古人的理想呀。

羅卜藏丹津擺擺手，要大家聽他講話：「各位蒙古的勇士們，咱們替滿清打西藏，打噶爾丹，結果呢？還不是滿清皇帝坐享其成，今天大家齊聚在一起，放開懷來把酒喝下去！明天，明天我們騎上馬，舉著刀，殺向北京，好不好呀？」

「好好好，舉長刀，駕快馬，殺向北京去！」族人們大聲歡呼，歡呼聲在草原上像颳起了一陣旋風，讓與會的人熱血澎湃，恨不得立刻揮軍南下，恢復蒙古族的古光榮。

羅卜藏丹津還得到西寧附近塔爾寺＊大喇嘛的支持，因為塔爾寺是喇嘛教的聖地，有了大喇嘛的支持，短短幾天內，號召了二十多萬人的響應。

一時之間，青海陷入一片反清的浪潮裡。

雍正抽不出兵力對抗蒙古，臨危之際，先派大臣常壽去當說客，請羅卜藏丹津罷兵。

羅卜藏丹津見到常壽，知道他的來意，便假意的答應他的請求：「罷兵，怎麼不罷呢？我們本來就聽從大清皇帝的命令，這是個天大的誤會，我們只是在這兒打打獵，等打完了獵，一定馬上回和碩特部去，您放心好了。」

常壽是個老實人，見羅卜藏丹津誠懇的樣子，以為完成了使命，還寫了封信給雍正，要雍正

放大鏡

＊塔爾寺　位於青海省蓮花山中，距西寧二十五公里。它與西藏的甘丹、哲蚌、沙拉、札什倫布寺和甘南的拉布楞寺，並稱為藏傳佛教格魯派六大寺，是格魯派僧人和信眾的宗教活動中心之一。

塔爾寺在雍正時期，對藏區人民很有號召力，寺裡的大喇嘛支持和碩特部的羅卜藏丹津，當羅卜藏丹津叛亂時，大喇嘛登高一呼，竟能號召藏區二十多萬民眾加入反叛的行列，可見該寺在藏民心目中的地位。

放心，這一切都只是個「美麗的誤會」。

寄了信，羅卜藏丹津命人抬出美酒，抬出豬羊，陪著他喝了一碗又一碗的酒。

等到第二天一早，常壽宿醉後醒來頭痛得要命，不過，讓他更頭痛的是，他被羅卜藏丹津給拘留了起來，日日關在蒙古包裡頭，看不到羅卜藏丹津。

這時，羅卜藏丹津早就率領軍隊殺向西寧。

幸好撫遠大將軍年羹堯，早奉了雍正的命令，率領川陝大軍進駐西寧。

年羹堯是一員虎將，他身先士卒，把大帥營擺在第一線，以鼓舞士氣，派兵切斷蒙古人進入西藏的路線，讓羅卜藏丹津無路可退。

布置完成後，他才像撒網捕魚般，把困在網裡的羅卜藏丹津

一步步緊逼。

　　羅卜藏丹津見情勢不對，急忙把雍正的特使常壽送回去，希望清軍可以退兵。

　　不過年羹堯卻掌握了這個機會，剷平了塔爾寺叛變的力量。

　　由於羅卜藏丹津帶軍遁入沙漠，年羹堯不知是該向前攻還是該撤兵回甘肅？於是急忙派人問雍正的意見。

　　雍正是個嫉惡如仇的人，他的指示幾天後到達：「和大清作對的敵人，絕不可以原諒。」

　　年羹堯知道雍正想用武力徹底平亂，於是立即發動攻擊。

　　清軍將羅卜藏丹津的老家團團圍住，因為武器精良，軍隊素質又較高，幾個回合就把羅卜藏丹津打得潰不成軍，叛軍先後投降的共有十多萬人。羅卜藏丹津在清軍強烈的攻擊下，只能帶著殘餘的部隊再退到了柴達木。

　　年羹堯追到了柴達木，想要把大軍分成四路追擊，和他並同作戰的奮威將軍岳鍾琪卻認為：「青海地區太過遼闊，敵人也還有很多，如果大軍分兵，勢力必定減弱，反而容易被包圍或攻擊。不如我們在草木未生之際，帶領精兵直搗羅卜藏丹津的根據地。」

　　年羹堯卻堅持先包圍，再收網的戰術，兩個人爭執不下，只好請遠在北京的雍正裁決。

　　雍正分別看過兩人的奏摺，認為岳鍾琪的想法值得一試，就採納了直攻羅卜藏丹津根據地的方法。

　　雍正二年二月，冬天的腳步還沒走遠，柴達木沙漠裡的風雪仍在咆哮。躲在沙漠裡的羅卜藏丹津，一邊烤著火喝著酒，一邊還在想如何帶著部眾逃往新疆，找準噶爾蒙古的首領策妄阿拉布

坦，希望得到他的支持，一起向清軍討回公道。

沒想到，一陣殺聲自天外傳來，數不清的清兵騎著快馬，由四面八方殺了過來，羅卜藏丹津的軍隊也許是被冬天給凍怕了，投降的投降，逃跑的逃跑，連羅卜藏丹津都來不及穿上褲子，就在慌亂裡搶了匹瘦馬，趁著混亂逃到了準噶爾去。

這一仗，只打了十五天就結束了。清軍大獲全勝，還捉到了羅卜藏丹津的母親、妹妹和幾個參加叛亂的首領。

雍正剛登基，國內政治局面仍然不穩固，幸好打了這場大勝仗，讓他在一夕之間聲名大噪，龍椅寶座終於可以安穩的坐了。雍正欣喜的認為，這是康熙末年以來的奇功，於是晉封年羹堯為一等公，岳鍾琪為三等公。

羅卜藏丹津亂事平定後，雍

正採納了年羹堯的建議，在青海設西寧府，派官員去治理青海，發展農業生產，提高當地人民的生活水準，由中央直接管理青海，加強了控制，也為進入西藏做了萬全的準備。

17 失敗的戰爭

　　羅卜藏丹津在青海不能生存，逃到新疆投靠準噶爾蒙古。

　　準噶爾蒙古一直是清朝的麻煩製造專家，康熙曾三次御駕親征，康熙晚年時，又為了西藏問題兩度派出遠征軍，結果準噶爾不但沒有投降，勢力還越見強大。最大的原因，還是因為這裡離北京太遠，即使是海風，也無法越過千山萬水吹進這裡！

　　雍正雖然在青海打勝仗，卻不想再派兵到準噶爾，他在紫禁城裡，為鞏固皇位而努力。羅卜藏丹津逃到準噶爾去，雍正只能派出特使談判，希望準噶爾能夠把羅卜藏丹津送回北京。

　　只是，策妄阿拉布坦野心極大，他表面上裝作順從，私下卻積極的招兵買馬。

雍正七年，策妄阿拉布坦死了，他的兒子噶爾丹策零繼承為首領。雍正此時已經坐穩了龍椅，有實力向他爭奪皇位的兄弟，死的死，關的關，沒人和他作對，還有，雍正也把國庫充實了，打仗要花錢，他連錢都準備妥當了。

「趁新首領上臺，政局不穩，是發動攻擊的好機會。」雍正給岳鍾琪的手諭上說。

在過去的兩年，雍正在河南、山東、山西祕密訓練了一批軍隊，購買了駱駝、騾馬和軍械，只等著良機便要投入戰場。

現在機會來了。

雍正下令征討準噶爾，決心要把西北的毒瘤一次剷除。

他命侍衛內大臣傅爾丹為靖邊大將軍，領著北路大軍，駐兵在阿爾泰山。

又命川陝總督岳鍾琪為寧遠

大將軍，率領西路大軍，駐兵在巴里坤。

西北戰鼓咚咚響起，消息迅速傳到了準噶爾。噶爾丹策零頗有心機，他雖然害怕清廷，卻在心裡盤算後，派特使特磊去巴里坤見岳鍾琪。

「大將軍辛苦了，我們首領知道你們這次來，主要是要來抓羅卜藏丹津的，其實我們首領早就想把羅卜藏丹津送到北京，但是路途太遠了，所以一再拖延，等到春暖花開季節，一定把羅卜藏丹津送到北京去。」特磊鼓動著三寸不爛之舌，拼命的向岳鍾琪解釋。

「我看你們是被我們的大軍給嚇到了，想來求饒吧？」岳鍾琪傲慢的說。

「大將軍果然料敵如神，我們準噶爾的軍隊，怎麼敢在將軍面前班門弄斧呢？如果大將軍先

把軍隊帶回去，我們大王一定親自帶著羅卜藏丹津到北京，向皇上負荊請罪。」

特磊的話讓岳鍾琪心動了：「能不戰而屈人之兵，那該有多好呀！」

他派人把特磊送到北京，詢問雍正的意見。

雍正接到岳鍾琪的摺子，又詳細問過特磊，一時龍心大悅，命岳鍾琪和傅爾丹速回京城，共商大計。

其實，噶爾丹策零使的是緩兵之計，岳鍾琪前腳才剛離開巴里坤，他立即發動攻擊，派兵突襲西路大軍。西路大軍原本以為和平在望，根本沒有派兵偵察噶爾丹策零的動向，被噶爾丹策零的騎兵出奇不意的攻擊，殺得血流成河，被掠奪的牲畜，就有十幾萬頭。

好笑的是，岳鍾琪的部下怕

被皇上處罰，竟然派人到京城裡，對著雍正大吹大擂，說他們對準噶爾打了勝仗，精明的雍正難得的糊塗了一回，竟然信以為真，派人去嘉獎西路大軍。

岳鍾琪趕回前線後，面對殘局，他簡直氣得想殺人，但是，雍正是出了名的嚴厲，如果這件事讓雍正知道了，追究起來，他一定也有罪，這個倒楣的將軍，只好將計就計，想盡各種辦法，幫部下遮掩事實。

雍正雖然被欺瞞了一時，但不久便得知真相，雍正沒有立即處罰岳鍾琪，卻已不再信任他。

噶爾丹策零食髓知味，他見到傳爾丹的北路大軍對他日漸進逼，於是重施故計，又派人到傳爾丹駐守的科布多散布謠言：「你們知道噶爾丹策零為什麼不敢進攻嗎？因為他們前後受敵呀，他們正面有大清北路大軍，背後有

哈薩克人的騎兵隊騷擾，可憐的噶爾丹策零，現在只剩下一千不到的人馬，躲在山後呢！」

謠言如風吹，吹進傅爾丹的大帳裡。傅爾丹得到這個「寶貴的情報」，開心極了。他是個滿族的武夫，勇敢卻缺少智慧，把假訊息當成真情報，立即要派兵進攻。

「噶爾丹策零是個很有心機的人，這一定是騙人的計謀。」

「不好吧，將軍，您不要忘了岳將軍的前車之鑑哪！」部下紛紛勸他。

傅爾丹身為北路大軍統帥，怎麼容得下別人說他被騙呢？他板著臉說：「不入豹穴焉得豹子，像你們這樣貪生怕死，可不是大清國的勇士！」傅爾丹氣得臉紅脖子粗，卻沒見到部下個個掩嘴偷笑：「這個老傅果然沒學問，連不入虎穴都能說成不入豹穴了。」

急於搶功的傅爾丹，令四千個士兵輕裝輕騎向和通泊進攻。

和通泊是個四面環山的山谷，清兵一進入山谷裡，埋伏在山上的準噶爾蒙古軍隊，立即向山下投擲石塊、木頭，再加上箭矢亂飛，清軍退無可退，慌亂成一團，光自己人踩死自己人的就不計其數。

傅爾丹懊悔不已，又加派六千親兵，由自己率領，到和通泊解救困軍；老謀深算的噶爾丹策零，使的是調虎離山之計，傅爾丹剛把主力調離，他就派軍隊奇襲傅爾丹的北路大軍。

北路大軍倉促接戰，根本不是噶爾丹策零的對手，邊戰邊退，等到退回科布多時，包括副將軍巴賽以下都在戰場上犧牲了，損傷將近兩萬的士兵。

噶爾丹策零在和通泊打了大勝仗，立即發動大軍進攻和他們

相鄰的喀爾喀蒙古。

　　喀爾喀蒙古在沒有防備下，損失慘重，甚至連喀爾喀的額駙策凌＊的子女都被抓走。

　　等到額駙策凌帶軍趕回時，發現自己的孩子都不見了，他割下自己的頭髮，指著上天發誓：「我一定要救回自己的孩子，如果做不到，就和這束斷髮一樣。」

　　策凌把頭髮揚向天際，滿空飛髮，隨風飄落。

放大鏡

　　＊提到「和親」或「聯姻」，人們馬上會想到漢代的昭君出塞，唐朝的文成公主入藏。

　　清朝時，蒙古是清朝的北方大患，為了拉攏與蒙古的關係，滿清以結婚來維繫雙方友好的關係，使滿清與蒙古，建立世代姻親關係，讓北方這兩支尚武勇悍的民族，變成長期的盟友。

　　像喀爾喀部策凌家族，與清皇家聯姻從康熙年間持續到清末民初，結親者的身分也比較高。策凌從小跟著祖母住在北京城裡，由紫禁城裡的皇家養育，長大後娶了皇家公主，成了清朝的駙馬爺。策凌所娶為康熙帝的女兒純愨公主。

　　策凌回到故鄉居住後，在雍正年間遇上準噶爾之變，他奮勇殺敵以軍功晉封親王，並被封為盟長，成為喀爾喀部的實際統領者。

　　如果不是聯姻起了效果，策凌說不定反而會歸附準噶爾，雍正就得花更多心血才能平亂呢！

他帶著喀爾喀的勇士，晝伏夜出，悄悄的從準噶爾的背後繞過去，在光顯寺一帶，找到準噶爾的軍隊。準噶爾軍隊沒料到背後會出現敵軍，被殺個措手不及，加上光顯寺一帶，一邊是大山一邊是河流，敗軍根本無路可逃，被喀爾喀人殺掉一萬多人，河水幾乎都變成紅色了。

準噶爾經過幾年作戰，尤其是光顯寺大敗後，元氣大傷，無法再戰爭，只好向清廷求和，雍正也因為連年征戰，人力物力消耗極重，於是在雍正十一年宣布停止進兵。雙方以阿爾泰山為準噶爾與喀爾喀的放牧界地，簽定了和約。

整體而言，雍正對準噶爾的用兵，不管是事前的準備、戰爭時的消息傳遞，或是用人方面，都相當的失敗。

18 鄂爾泰與改土歸流

　　鄂爾泰是滿洲鑲藍旗人，康熙三十八年中的舉人，二十一歲當上御前侍衛，只是他在官場不得意，直到康熙五十五年，才升了個不大不小的官，因為有志不得伸展，在別人面前，總是一副愁眉苦臉的樣子。

　　那時，雍正還只是皇四子，有一回，他想要鄂爾泰出去替他辦點事。

　　鄂爾泰那時正失意，換成平常人，遇到皇子相邀，豈有不答應的，一定是逢迎拍馬，希望得到皇子的賞識，等到有一天，皇子變成了皇帝，自己也能飛黃騰達。

　　沒想到，鄂爾泰很不識相的回絕雍正：「皇子應該修身養性，讀書練武，怎麼可以結交臣子

155

呢？」

　　那時的雍正，碰了一鼻子灰，夠糗的了。

　　雍正雖然討了個沒趣，卻對鄂爾泰留下深刻的印象。

　　等他登基後，身邊需要一些能幹的大臣，他馬上想起當年不給他情面的鄂爾泰。他召來了鄂爾泰，當面誇獎他：「你當年只是個小小的京官，卻敢當面拒絕朕，你當年既然敢拒朕於千里之外，當上大臣，一定也能拒絕其他人的威脅利誘。」

　　鄂爾泰原本就是一個肯做事的人，從前，他堅守君臣禮節，不去交結皇子；今日皇子已貴為天子，他再也沒有理由推辭，一口答應了雍正，從此，盡心盡力的把雍正交給他的事辦好。

　　雍正給他的第一個任務，就是派他到偏遠的雲南去當巡撫。

　　雲南地區位於中國偏遠的西

南區，山地連綿，江河密布，一般官員都視為畏途，認為被派到那裡去，等於是貶官流放，可是鄂爾泰接到命令，不但沒抱怨，反而認為是一項有意義的挑戰，高高興興的去上任。

鄂爾泰到了雲南，親赴民間，到每個地方去考察。他發現，雲南因為高山阻隔，造成村落間很難連絡，清朝政府無法有效的管理，只好委託當地「土司」管理。

「土司」是中國西南地區設置的官員名稱，由少數民族的首領充任，是一種世襲的官職，也就是只要你當上了土司，你的兒子也是土司，你的孫子也是土司，一代傳一代，像是雲南地區的土皇帝。

這些土司憑藉權勢，自己規定稅賦，對百姓橫徵暴斂，稅目千奇百怪，有的土司甚至連百姓

生火做飯、使用鋤頭都要收稅。他們收來的稅並沒有真的上繳到朝廷，百姓們除了面對地理環境的嚴苛考驗，還得應付仗勢凌人的土司，而土司們的威迫往往又勝過天災。

百姓過著民不聊生的日子，這些事，遠在千里外的皇帝，是不能體會的。

鄂爾泰在雲南越看越心驚，他覺得想讓百姓過好日子，就不能讓土司橫行霸道下去，最好由朝廷派官員去管理地方，終結土司的制度，這就是有名的「改土歸流」政策。

雍正之前的皇帝也都知道土司制度的缺點，但是他們卻遲遲沒有動手，他們怕的是：這個制度已實施幾百年，土司的勢力也非常的強大，不是皇帝在紫禁城裡動動嘴皮子就能解決，至少也要有人才願意威懾住土司，使他

們不敢輕舉妄動才行。

雍正看了鄂爾泰的報告，知道他有決心，而且肯負責，就把整個「改土歸流」的事，全都交由鄂爾泰去辦理。

「你們今後不用再管理地方了，中央政府會派官員來這裡辦事。」鄂爾泰親自向土司們解釋，並要求他們交出權力。

「少了翅膀的老鷹不會飛，沒了森林的熊沒有家，鄂爾泰要我們交出土司的職位，總而言之一句話──不可能。」土司們頭搖得像波浪鼓，他們在這山裡當王，怎麼可能交出兵權和統治權？於是，很多土司帶著軍隊叛變。

以往的人征討土司總是半途而廢，因為西南地區山高水深，征討不易。政府的軍隊一到，土司就率眾逃跑，逃不掉就投降，等軍隊一走，他們又恢復原樣，

於是，幾次無功而返後，耗去了錢糧，卻又一無所獲。

鄂爾泰不怕事，他採用武力和安撫並進的方式，願意歸順的土司，他賞給他們金銀，替當地辦學校、振興經濟；對於不肯歸順的土司，他就派出大軍，直接征剿。

初期，很多土司並不願意投降，鄂爾泰便先對當地最強大的土司下手。像在雍正四年，他先出兵攻打貴州廣順州的長寨。長寨是雲貴二省中勢力最強大的土司，鄂爾泰光在當地用兵就打了三年多的仗，才終於平定了長寨，事後設置了流官＊統治一千二百九十八寨，成果輝煌。

放大鏡

＊雍正對西南地區的土司實行改土歸流政策，讓後代的人對他多有讚譽。所謂的改土就是取消西南地區土司的世襲制，土司的職位，不能再由土司傳給下一代，而要改由中央政府派人輪流去做官。

　　推行「改土歸流」的政策後，地方上再也沒有世襲的土皇帝，農民的生活也有顯著的提升，學校、交通、農業都有長足的進步，連帶的滿清的稅收也增加，更重要的是，讓這些地方上的人們，不再受到土司的欺凌。

　　雍正從來都不是畏首畏尾的人，當需要動用武力時，他就會斷然的揮出拳頭。在改土歸流的初期，雖然遇到了很多困難，但是在雍正的支持和鄂爾泰的堅持下，成效也越來越顯著，替大清帝國的西南部打下了一個厚實的基礎。

　　雍正十年，鄂爾泰因功被召回北京，擔任首輔大學士，他對雍正十分盡忠，辦事盡心盡責，雍正死後，還受命幫乾隆皇帝輔政，直到乾隆十年去世前，都是皇家的左右手，是雍正時期的一位代表性人物。

19 皇星殞落

　　雍正十三年的八月，圓明園裡還可感受到秋老虎的威力，天氣燠熱得讓人想跳進御河裡游上一圈。

　　用過晚膳，雍正抬頭看看天空，天空還是猩紅一片，幾個執事太監替他點上燈，而他的案頭上，則是一疊差不多與肩同高的密摺。

　　他翻開密摺，看看，那廣東巡撫上的摺子，說的是當地今年大豐收：「莊稼豐收，全賴皇恩浩蕩。」

　　雍正看了勉強一笑，卻發現笑不太出來，肌肉似乎僵住了。

　　他提起硃筆，想往上圈點，給遠在千里外的臣子講點兒體己話，可是，怎麼眼前一黑，什麼也看不到。

　　好不容易，他努力調勻自己的呼吸，再睜開眼睛，頭有點發麻，他想喚太監拿他常服的龍虎丸來，他才起來，一不小心，竟然把滿桌的密摺全撥到地上。

　　他告訴自己，該休息一下了。

　　環顧室內，數不清的密摺匣子，都是他親筆圈點批改過的，這一生，也夠他辛苦的了。

　　皇帝，位高權重，可以過享受的生活，財庫裡頭，是數不清的金銀財寶；皇宮裡，有幾千幾百間屋子，即使一天住一間，可能一輩子都睡不完；他想去哪裡就去哪裡，想做什麼就做什麼，看起來高高在上，享盡人間榮華富貴。

　　可是，雍正卻不是這樣的皇帝。

　　他父親康熙當了六十年的皇帝，把祖先得來的江山，又重新

整理了一遍，天下太平已久，自然讓官員變懶，以為國泰民安，開始貪點小錢，一人貪一點，國力在最頂端時開始下滑，隱藏在繁華太平的表面下，是個爛攤子。

雍正接手想把國家治好，他就要付出比他父親康熙更多的心血。

他的個性急，把權力全抓在手上，每件事他都想管，每個人他都想教，事必躬親的結果，讓他成了歷來最辛苦的皇帝。

他讓全國各地的官員都有向他祕密上奏的權力，所以那些密摺都像雪片般飛來。既然強調是密奏，就是只有皇帝和寫的官員自己能看。這些密摺每天至少三、五十件，多則七、八十件。他每一件都要細細的看，理出頭緒，想出對策，最後再把意見用紅筆寫在上頭，發回給官員。

　　光是批這些密摺，就讓他天天工作到深夜，而這些密摺大多牽涉到重大的事情，像是官員貪污、地方水旱災、官員辦事不力等等。他經常看得火冒三丈，氣到全身發抖，恨不得把犯錯的人，叫到面前痛罵一頓，勞神又勞力的結果，就很容易影響到他的健康。

　　個性急的雍正，剛登基時正在對西北用兵，他怕延誤了軍情，特別找來幾位心腹大臣，成立了軍機處，陪他共同決議重要的軍情大事。性急的人不能等，每件事他都要求今日事今日畢，每件公文他總是收到即批，想到什麼就立即召見大臣，像張廷玉，他一天就召見好幾次。

　　白天和大臣討論軍國大事，晚上批閱奏章，向地方官員下指示。

　　忙碌的雍正像個陀螺，忙得

團團轉。

他當然也知道江南的景色很美，康熙去了幾次，他兒子乾隆當了皇帝後，也常常去，夾在他們中間的雍正卻沒去過。

康熙喜歡去木蘭圍場*打獵，雍正卻連北京城都很少出去，頂多，到他的圓明園裡住一住。他花了很多精神建設圓明園，卻只是待在裡頭批公文，開會討論國事。如果能躺在圓明園裡，聽著遠遠傳來寺廟裡的鐘聲梵音，讓他心情平靜，安穩睡上一覺，就算是莫大的享受了。

雍正的生活十分簡樸，吃飯時，連一粒米也不肯浪費。各國

放大鏡

*木蘭圍場　木蘭 (Muran)，是滿族語，漢字翻譯成「鹿哨子」或「哨鹿圍」。原本是捕鹿時使用的一種工具，用樺皮或樹木製成，長二三寸，狀如牛角喇叭。用嘴吹或吸，發出「呦呦」鹿鳴之聲，引誘鹿來。有人說是學公鹿聲，喚母鹿來，將其捕獲。清朝時，在現在的河北省承德市圍場縣境，闢出專門的地方，供皇帝打獵之用，久而久之，就稱這裡為木蘭圍場，簡稱木蘭。

進貢來的禮品，他自己用不完，怕放久壞了，就會賞給其他大官幫忙使用，像田文鏡得到的賞賜，退休後，還得買間屋子專門放這些禮物呢！

雍正即使想要享受也沒時間，他把太多時間拿來思考國家大政。本來他的身體在康熙末年還很健康，等到江山坐穩了，又有更多的事等著他傷神，心力內外交瘁的結果是──他在雍正七年病了，而且一病就病得很重。

那一次，他怕自己一病不起，召集了幾位皇子、大臣等人，把他的遺訓向他們宣布了。

國家不可一日無主，為了治好自己的病，雍正親筆寫了好多封信，給他信得過的大臣，請他們代為尋找內外科的名醫，或是煉丹道士等進京為他治病。

大臣田文鏡正在河南當官，他在河南找到了一名人稱「賈神

仙」的道士，這名道士真名叫做賈士芳，聽說對治病很有一套。

賈士芳到了宮中，很認真的幫雍正看病，嘴裡念著經，手裡幫雍正按摩，一開始，還真的很有療效，雍正向大臣們說，自己的病情大有起色，賈神仙的醫術果然高明。

只是，雍正發覺自己的身體健康竟然操縱在賈士芳的手裡。

「他要朕的身體健康，朕即覺得通體舒暢；他要朕的身體不適，朕即使服用人蔘仙丹仍覺難過。朕身體安與不安，竟然全操縱在賈士芳的手裡。」雍正覺得有些不對，皇帝的健康，操縱在一個道士手裡，這問題便十分嚴重了。

於是，雍正派人逮捕了賈士芳，說賈士芳犯了大逆不道之罪，將他處死。

賈士芳雖然被處死，雍正卻

對道家的煉丹和養生方法，起了很大的興趣，幾個有名的道士，他全都請來皇宮，留在圓明園裡為他煉丹。雍正八年時，他的身體情況變好，雍正以為自己的病好了，四處向他的大臣們宣傳自己龍體甚安，工作更加的勤奮。他相信丹藥有益身體健康，所以只要稍稍覺得不適，就向道士請教，按時服用各種不同的丹藥。

這天夜裡，雍正突然覺得一口氣喘不過來，他大口大口的吸氣，可是好像沒什麼用，他想叫人，可是太監全被他趕出去了，大家都知道雍正批密摺時，是不能偷看的。

他轉身，撞倒了一張茶几，撞翻了一座古玩櫃子，仰面倒了下去。

響聲驚動外頭隨侍的太監，他們衝了進去，嘴裡喊著皇上，然後又倏然停止，萬物像同時失

去了聲音，一片靜寂。

隔了半晌，一個值事太監不小心把一個茶壺掉到了地上，發出匡啷一聲，幾十個人這才同聲悲號：「皇上呀！」

鄂爾泰和張廷玉被急召入園，他們發現雍正暴斃，對外先封鎖消息，派人急回紫禁城，於正大光明匾額後，取出密藏的立儲遺旨*。

在老臣的見證下，由寶親王弘曆接帝位，改年號為乾隆。

放大鏡

*雍正登基時已45歲，他親自經歷了康熙末年的皇儲之爭，雖然他是最後的勝利者，但對身處其中的殘酷和痛楚有很深的體會。因此，他即位之初就和多位大臣共商大計，建立祕密立儲的制度。

雍正元年八月，雍正在乾清宮召集大臣，宣布：「康熙朝晚年為建儲的事身心憂愁，朕今日不得不早為預計。朕特將此事親寫密封，藏在匣內，放置在乾清宮正中的『正大光明』匾後。」

事實上，雍正為做到萬無一失，又另外寫了一同樣內容的傳位遺詔，藏在圓明園的某處，王公大臣沒有半個人知道這份詔書的存在。

從此之後，祕密建儲的方法便成為清朝立儲的制度，後代嘉慶、道光、咸豐都是以這種方式登上帝位的。這種拋開長幼、嫡庶的制度，實際是君主極權的一部分，是皇帝個人意志的最終表現。

　　雍正皇帝的死因，一直是清朝歷史的一個謎團。後代很多傳言，有人說他是被呂留良的孫女呂四娘＊給割了頭。

　　只是，後代歷史學家卻寧願相信，那是積勞成疾的雍正，在

放大鏡

＊呂四娘　據史料記載，雍正十三年（1735 年），雍正還在處理政務，晚上得了急病，次日凌晨死亡。由於死得非常突然，於是在官場，在民間，便產生了種種猜想和傳說。民間流傳最廣的就是呂四娘報仇削取了雍正首級。

雍正年間，湖南秀才曾靜因為不滿清廷統治，於是寫了一封信，給陝西總督岳鍾琪（岳飛的後裔）策動反清。事後，雍正就此事大做文章，引發出浙江文士呂留良的文字獄案。

曾靜等人鋃鐺入獄，呂留良一家也未能倖免。呂留良的孫女呂四娘，因為那時尚小，住在安徽乳娘家中，倖免於難。

年僅十三歲的呂四娘，得知全家祖孫三代慘遭殺害的事，刺破手指，血書「不殺雍正，死不瞑目」八個大字。於是單身一人北上京城，決心替全家報仇。她上京途中，遇到當時的大俠甘鳳池，甘鳳池被四娘的決心所感動，便收她為徒弟，並且傳授她飛簷走壁及刀劍等十八般武藝。

四娘學武認真，不久習得一身武藝，告別甘鳳池，祕密進京，並且在深夜時，潛入乾清宮，趁雍正入睡之際，割下雍正的頭顱，提雍正的首級悄然離去，清廷不願此事公開，於是對外都說雍正是突然生了重病而死。

民間謠傳，雍正下葬時，因為他的屍體沒有頭，只好用金子鑄了一個頭代替，葬在河北省易州泰陵地宮。

七年那場大病之後，相信道士煉的丹，長久吃這些金丹致死。

不然，怎麼乾隆皇帝接了雍正的帝位，不過第三天，就把圓明園內所有的道士全都趕了出去？

雍正 小檔案

1678 年 10 月	30 日，誕生。
1684 年	入尚書房讀書，學習滿、漢、蒙古文和各種經典文章及騎馬、射箭等技能。
1687 年	跟隨康熙出巡塞北。
1696 年	隨康熙遠征噶爾丹，學習帶兵打仗之道。
1698 年	再次追隨康熙遠征噶爾丹，回京後，受封為多羅貝勒。
1708 年	康熙認為太子胤礽性格殘暴，語言顛倒，下令廢太子。埋下各皇子爭權奪位的因子。
1709 年 3 月	康熙復立胤礽為太子。
1712 年	康熙指責皇太子結黨，又廢太子。令文武百官不得再提立太子之事。
1722 年 11 月	13 日，康熙駕崩。17 日，康熙的正式遺詔頒布天下，諭皇四子雍親王胤禛繼位登極。20 日，胤禛即帝位，詔告天下，定隔年為雍正元年。

1722 年 12 月	13 日，下令戶部總動員，清查全國虧空錢糧的情形，整治康熙朝以來嚴重的貪污情形。
1723 年	頒布命令，讓賤民除籍。青海和碩特部蒙古首領羅卜藏丹津叛亂。
1724 年	平定羅卜藏丹津的動亂。下令生員與百姓一體當差。
1725 年	尊孔禁洋教。7 月，革去允禩的王爵。12 月，革去允禵的郡王。賜死年羹堯。
1726 年	《古今圖書集成》定稿。將允禩、允禟削去宗籍，從皇家家譜中除名。
1727 年 8 月	中俄雙方簽訂「布達斯奇條約」。
1729 年	命岳鍾琪、傅爾丹分西、北兩路出征準噶爾。
1732 年	宣布要將密摺全部印成書，可惜直到乾隆時，才將一部分的密摺編印成書，定名為《硃批諭旨》。
1735 年 8 月	去世。

獻給孩子們的禮物

「世紀人物100」

訴說一百位中外人物的故事

是三民書局獻給孩子們最好的禮物！

◆ 不刻意美化、神化傳主，使「世紀人物」
更易於親近。

◆ 嚴謹考證史實，傳遞最正確的資訊。

◆ 文字親切活潑，貼近孩子們的語言。

◆ 突破傳統的創作角度切入，讓孩子們認識
不一樣的「世紀人物」。

國家圖書館出版品預行編目資料

急性子皇帝：雍正 / 王文華著;郜欣繪. －－初版三刷.
－－臺北市: 三民, 2010
面; 公分.－－(兒童文學叢書／世紀人物100)

ISBN 978－957－14－4418－5 （平裝）

1. 清世宗－傳記－通俗作品

627.3   94024015

ⓒ 　急性子皇帝：雍正

著　作　人	王文華
主　　　編	簡　宛
繪　　　者	郜　欣
發　行　人	劉振強
著作財產權人	三民書局股份有限公司
發　行　所	三民書局股份有限公司
	地址　臺北市復興北路386號
	電話　(02)25006600
	郵撥帳號　0009998－5
門　市　部	(復北店) 臺北市復興北路386號
	(重南店) 臺北市重慶南路一段61號
出版日期	初版一刷　2006年9月
	初版三刷　2010年10月
編　　　號	S 781300

行政院新聞局登記證局版臺業字第○二○○號

有著作權・不准侵害

ISBN　978－957－14－4418－5　（平裝）

http://www.sanmin.com.tw　三民網路書店